LA BIBLE OFFICIELLE DU cake factory

LA BIBLE OFFICIELLE DU cake factory

Tefal

La CUISINE de D&T

Le Cake Factory : la fabrique à délices

Avec son design caractéristique, le Cake Factory ne passe pas inaperçu et séduit quantité de gourmands, heureux de trouver un appareil facile à utiliser, fiable, assurant des cuissons impeccables.

Compact et facile à ranger, ce nouvel assistant culinaire a sûrement déjà sa place dans votre cuisine, prêt à vous accompagner dans la réalisation de vos envies gourmandes. Grâce à ses programmes automatiques, vous réussirez vos préparations sans avoir à surveiller la cuisson et en toute sécurité.

Si vous avez la fibre créatrice, il vous sera possible d'adapter vos recettes personnelles, voire d'en créer de nouvelles, en utilisant le mode manuel qui permet de régler les temps et la température de cuisson.

De plus, si vous avez des enfants, soyez sûr(e) que le look ludique du Cake Factory ne manquera pas de les attirer. Ils seront ravis de préparer leurs goûters préférés avec vous, puis de déguster les jolies pâtisseries qui embaument la cuisine à l'ouverture de l'appareil. Que de moments de complicité et de partage !

Sans plus attendre, découvrez 100 recettes pour toutes les occasions et pour tous les goûts. Grands classiques ou créations originales, gâteaux individuels ou à partager, desserts de fête, recettes healthy et enfin plats salés : toutes ces délicieuses recettes n'attendent plus qu'à être essayées et adoptées ! Un beau programme pour exploiter les multiples possibilités de votre Cake Factory.

Alors, pâtissez et régalez-vous !

NOTE : les recettes de cet ouvrage ont été développées pour les Cake Factory KD801, KD802, KD803 et KD810.

Quelques conseils pour profiter au maximum de votre Cake Factory

• **Avant de vous lancer, lisez attentivement la notice** pour bien vous familiariser avec les programmes. Après chaque utilisation, assurez-vous que l'intérieur de l'appareil est propre et sec pour éviter le développement d'odeurs désagréables.

• **Les moules de la gamme CreaBake** (livrés avec le modèle KD810) permettent d'obtenir une cuisson dorée et des préparations plus croustillantes. Au fur et à mesure de leur utilisation, ces moules ont de moins en moins besoin d'être graissés. Un coup de pinceau de cuisine avec de l'huile neutre suffit largement. Évitez de les passer au lave-vaisselle pour préserver leurs qualités.

• **Si vous utilisez le moule maxi-cookies ou des moules individuels en silicone,** n'oubliez pas qu'ils doivent être installés sur la grille de support posée dans le fond de l'appareil. Comme tous les moules en silicone, ils ne doivent pas être graissés.

• **Pensez à ne pas remplir les moules à ras bord.** En effet, si la pâte gonfle beaucoup, elle risquerait de toucher le couvercle et de brunir trop, voire de brûler.

• **Vous aimez les brioches et d'autres gâteaux à base de pâte levée ?** Profitez du mode manuel pour les faire lever dans l'appareil à faible température et à l'abri des courants d'air.

• **Personnalisez les recettes en fonction de vos goûts** ou des ingrédients dont vous disposez ! N'hésitez pas à remplacer certains fruits par d'autres au fil des saisons (tout en respectant les proportions). Ajoutez vos parfums préférés : cannelle, gingembre, quatre-épices, fève tonka, eau de fleur d'oranger, zestes d'agrumes…

SOMMAIRE

GÂTEAUX ET DESSERTS À PARTAGER

BISCUITS ET PETITS DESSERTS

GÂTEAUX ET DESSERTS POUR RECEVOIR

GÂTEAUX ET BISCUITS HEALTHY

TARTES, CAKES ET PLATS SALÉS

Préparation
Cuisson
Repos

GÂTEAUX ET DESSERTS

À PARTAGER

GÉNOISE LÉGÈRE

6 PERSONNES

15 min **25 min**

MATÉRIEL : grand moule rectangulaire

INGRÉDIENTS

3 œufs

80 g de sucre en poudre

1 pincée de sel

80 g de farine

1 noix de beurre

1. Séparez les blancs des jaunes d'œufs. Battez les jaunes avec le sucre jusqu'à ce que le mélange blanchisse. Dans un autre récipient, montez les blancs en neige ferme avec le sel.

2. Déposez une petite quantité de blancs montés dans la première préparation en battant avec un fouet afin de détendre le tout. Incorporez très délicatement le reste des blancs. Tamisez la farine, ajoutez-la en pluie dans la préparation et mélangez.

3. Versez la pâte dans le moule rectangulaire beurré. Sélectionnez le **Programme P6-Manuel** pour 25 min de cuisson à 180 °C. Laissez refroidir avant de démouler.

ASTUCE : *utilisez cette génoise pour toutes sortes de gâteaux maison. Vous pouvez la tartiner de confiture ou bien la garnir de chantilly et de fruits frais, par exemple.*

grand classique

spécial kids

Tefal
Automatic
Manual
OK
start

INGRÉDIENTS

15 g de cacao en poudre

½ c. à café de vanille en poudre

10 cl d'huile de tournesol

10 cl de lait + 2 c. à soupe

100 g de sucre en poudre

3 œufs

200 g de farine

1 ½ c. à café de levure chimique

GÂTEAU ZÉBRÉ CHOCOLAT-VANILLE

4 PERSONNES

20 min 40 min

MATÉRIEL : moule maxi-cookies + grille de support

1. Dans un récipient, mélangez l'huile, 10 cl de lait, le sucre et les œufs. Incorporez la farine et la levure.

2. Divisez la pâte dans deux bols. Incorporez le cacao et le lait restant dans l'un, la vanille en poudre dans l'autre.

3. Versez une petite quantité de pâte à la vanille au centre du moule maxi-cookies non graissé, puis ajoutez de la pâte au chocolat. Ne versez pas plus d'une cuillerée de pâte à chaque fois pour créer un motif bien dense. Alternez de cette manière jusqu'à épuisement des pâtes.

4. Placez la grille de support avec le moule dans le Cake Factory et sélectionnez le **Programme P1-Gâteaux à partager** pour 40 min de cuisson.

ASTUCE : *si vous ne disposez pas du moule maxi-cookies, vous pouvez utiliser le moule rectangulaire en doublant les quantités de la recette et en allongeant le temps de cuisson de 15 min.*

grand classique · spécial kids

INGRÉDIENTS

1 yaourt nature

1 sachet de sucre vanillé

2 pots de sucre en poudre

4 œufs

4 pots de farine

1 sachet de levure chimique
½ pot d'huile de tournesol

GÂTEAU AU YAOURT À LA VANILLE

6-8 PERSONNES

10 min **35 min**

MATÉRIEL : grand moule rectangulaire

1. Versez le yaourt et les sucres dans un récipient, puis mélangez. Ajoutez les œufs un à un, puis la farine, la levure et l'huile. Fouettez l'ensemble.

2. Versez dans le moule rectangulaire recouvert de papier sulfurisé. Sélectionnez le **Programme P1-Gâteaux à partager** pour 35 min de cuisson. Laissez refroidir avant de démouler.

grand classique · spécial kids · express

CAKE CITRON-PAVOT

6 PERSONNES

15 min · 40 min · 25 min

MATÉRIEL : grand moule rectangulaire

INGRÉDIENTS

3 citrons

2 c. à soupe de graines de pavot

300 g de sucre en poudre

120 g de beurre fondu + 1 noix pour le moule

3 œufs

220 g de farine + pour le moule

1 c. à café de levure chimique

130 g de sucre glace

1. Dans un récipient, mélangez le sucre, le beurre fondu, les graines de pavot, le zestes de deux citrons et le jus d'un citron et demi. Incorporez les œufs, la farine et la levure.

2. Versez la pâte dans le moule rectangulaire beurré et fariné. Sélectionnez le **Programme P1-Gâteaux à partager** pour 40 min de cuisson. Laissez reposer 10 min avant de démouler, puis placez le cake sur une grille au-dessus d'un récipient.

3. Mélangez le sucre glace avec quelques gouttes du demi-citron restant pour réaliser un glaçage épais. Nappez-en le cake et laissez reposer 15 min à température ambiante.

INGRÉDIENTS

60 g de pralines roses

40 g de pistaches

400 g de farine

80 g de sucre en poudre

20 g de levure fraîche de boulanger

2 œufs

15 cl de lait

100 g de beurre

BABKA AUX PRALINES ROSE ET PISTACHES

6 PERSONNES

30 min 45 min 1 nuit + 3 h

MATÉRIEL : grand moule rectangulaire

1. La veille, dans le bol d'un robot muni d'un batteur, placez la farine, le sucre, la levure émiettée, les œufs battus et le lait. Pétrissez 5 min à vitesse moyenne pour obtenir une pâte lisse et homogène.

2. Coupez le beurre en morceaux et faites-le ramollir quelques secondes au micro-ondes à faible puissance. Ajoutez-le dans le bol du robot et pétrissez de nouveau 10 min à vitesse élevée. Formez une boule de pâte, couvrez le bol et laissez pousser 1 h 30 à température ambiante.

3. Dégazez la pâte en appuyant doucement dessus, puis filmez le bol et placez 1 nuit au frais.

4. Le jour même, divisez la pâte en deux et étalez chaque pâton en un rectangle épais d'environ 1 cm. Parsemez de pistaches et de pralines concassées, puis roulez chaque rectangle à partir du côté le plus long. Coupez chaque rouleau en deux sur toute la longueur, puis tressez les brioches en passant un brin par-dessus l'autre. Prenez soin de placer la partie ouverte des brins vers le haut.

5. Déposez les brioches côte à côte dans le moule rectangulaire graissé. Couvrez d'un torchon propre et laissez pousser 1 h 30 à température ambiante. Sélectionnez le **Programme P6-Manuel** pour 45 min de cuisson à 180 °C.

ASTUCE : ***vous pouvez réaliser un glaçage avec 5 cl d'eau et 100 g de sucre, que vous badigeonnerez sur les brioches une fois cuites pour les faire briller. Vous pouvez aussi ajouter quelques éclats de pistaches supplémentaires.***

INGRÉDIENTS

180 g de chocolat noir

160 g de beurre
120 g de sucre en poudre

4 œufs

100 g de farine

½ sachet de levure chimique

1 c. à soupe de cacao

MOELLEUX AU CHOCOLAT

6-8 PERSONNES

15 min 35 min

MATÉRIEL : grand moule rectangulaire

1. Dans une casserole, faites fondre le chocolat et le beurre.

2. Versez le mélange dans un récipient. Ajoutez le sucre, les œufs, la farine et la levure, puis mélangez au fouet.

3. Versez la pâte dans le moule rectangulaire recouvert de papier sulfurisé. Sélectionnez le **Programme P1-Gâteaux à partager** pour 35 min de cuisson. Laissez refroidir avant de démouler. Saupoudrez de cacao.

grand classique spécial kids express

INGRÉDIENTS

300 g de pâte à tartiner chocolat-noisette

80 g de beurre

80 g de sucre en poudre

1 œuf

50 g de pépites de chocolat

200 g de farine

COOKIE GÉANT FOURRÉ À LA PÂTE À TARTINER

6 PERSONNES

20 min **50 min** **15 min**

MATÉRIEL : moule maxi-cookies + grille de support

1. Coupez le beurre en morceaux et faites-le ramollir quelques secondes au micro-ondes à faible puissance. À l'aide d'un batteur, fouettez-le avec le sucre pendant 2 min jusqu'à ce que le mélange blanchisse. Incorporez l'œuf, puis ajoutez les pépites de chocolat et la farine. Travaillez pour obtenir une pâte homogène.

2. Utilisez 300 g de cette pâte pour tapisser le fond et la paroi du moule maxi-cookies non graissé. Remplissez de pâte à tartiner et réservez 15 min au frais.

3. Formez une boule avec le reste de pâte et aplatissez-la en un disque épais de même diamètre que le moule. Placez le disque sur la pâte à tartiner et soudez bien avec la pâte dans le moule pour bien fermer le cookie.

4. Déposez la grille et le moule maxi-cookies dans le Cake Factory, puis sélectionnez le **Programme-P6 Manuel** pour 50 min de cuisson à 170 °C.

ASTUCE : *si vous ne disposez pas du moule maxi-cookies, vous pouvez utiliser le moule rectangulaire. Doublez alors les quantités et prolongez le temps de cuisson de 20 min.*

spécial kids

OK
start

INGRÉDIENTS

200 g de chocolat noir

80 g de noix de pécan

100 g de beurre demi-sel
+ 1 noix pour le moule

3 œufs

120 g de sucre en poudre

1 sachet de sucre vanillé
70 g de farine

BROWNIE AUX NOIX DE PÉCAN

6-8 PERSONNES

15 min **25 min**

MATÉRIEL : grand moule rectangulaire

1. Dans une casserole, faites fondre le chocolat et le beurre.

2. Battez les œufs et les sucres dans un récipient, puis ajoutez la farine. Incorporez le chocolat fondu, puis mélangez bien. Ajoutez les noix de pécan concassées.

3. Versez la pâte dans le moule rectangulaire beurré, puis sélectionnez le **Programme P1-Gâteaux à partager** pour 25 min de cuisson. Laissez refroidir avant de démouler.

express spécial kids

INGRÉDIENTS

200 g de chocolat

120 g de beurre demi-sel
+ 1 noix pour le moule

80 g de sucre en poudre

3 œufs

3 c. à soupe de farine

ULTRA-FONDANT AU CHOCOLAT

6 PERSONNES

15 min **25 min**

MATÉRIEL : grand moule rectangulaire

1. Dans une casserole, faites fondre le chocolat et le beurre.

2. Versez ½ verre d'eau dans un bol, puis ajoutez le sucre et faites chauffer au micro-ondes jusqu'à ce qu'il soit fondu. Mélangez-le avec le chocolat fondu, puis incorporez les œufs et la farine.

3. Versez la pâte dans le moule rectangulaire beurré, puis sélectionnez le **Programme P1-Gâteaux à partager** pour 25 min de cuisson.

4. Servez chaud avec une boule de glace à la vanille et aux noix de pécan.

express

spécial kids

INGRÉDIENTS

500 g de framboises

210 g de farine

120 g de flocons d'avoine

110 g de cassonade

110 g de beurre fondu

1 œuf

1 c. à soupe de fécule de maïs

CARRÉS AUX FRAMBOISES

6 PERSONNES

15 min — 1 h — 15 min

MATÉRIEL : grand moule rectangulaire

1. Dans un grand bol, mélangez la farine, les flocons d'avoine et la cassonade. Incorporez le beurre et l'œuf, puis travaillez à la main pour obtenir une texture sableuse, proche d'un crumble.

2. Chemisez le moule rectangulaire de papier sulfurisé. Versez-y les deux tiers de la pâte en tassant bien et en faisant remonter la pâte sur les bords.

3. Mélangez les framboises avec la fécule. Répartissez-les sur la pâte, puis recouvrez-les de la pâte restante. Sélectionnez le **Programme P1-Gâteaux à partager** pour 1 h de cuisson. Retirez délicatement du moule, puis placez 15 min au frais avant de découper en carrés.

ASTUCE : *vous pouvez utiliser des fruits surgelés. Dans ce cas, faites-les décongeler au préalable et ajoutez 1 c. à soupe de fécule de maïs supplémentaire.*

INGRÉDIENTS

4 pommes golden

4 œufs

200 g de sucre en poudre

100 g de beurre demi-sel fondu

10 cl de lait

200 g de farine

1 c. à café de levure chimique

GÂTEAU AUX POMMES À LA NORMANDE

6 PERSONNES

20 min 45 min

MATÉRIEL : grand moule rectangulaire

1. Dans un récipient, battez au fouet électrique 3 œufs et 150 g de sucre pendant 3 min. Ajoutez 60 g de beurre fondu et le lait, puis incorporez la farine et la levure chimique.

2. Épluchez les pommes et coupez-les en tranches épaisses.

3. Versez la pâte dans le moule rectangulaire recouvert de papier sulfurisé. Ajoutez les pommes en les serrant bien. Sélectionnez le **Programme P1-Gâteaux à partager** pour 30 min de cuisson.

4. Pendant ce temps, mélangez l'œuf, le sucre et le beurre restants. Ajoutez la préparation sur le gâteau, puis sélectionnez le **Programme P1-Gâteaux à partager** pour 15 min de cuisson.

VARIANTE : *vous pouvez réaliser cette recette avec des poires.*

grand classique

spécial kids

INGRÉDIENTS

2 c. à café d'épices
à pain d'épice

160 g de farine
7 g de bicarbonate de soude

160 g de miel de fleurs

60 g de beurre
+ 1 noix pour le moule

7 cl de lait

60 g de cassonade

PAIN D'ÉPICE

6 PERSONNES

15 min — 35 min

MATÉRIEL : grand moule rectangulaire

1. Tamisez la farine, les épices et le bicarbonate dans un récipient. Faites fondre le miel et le beurre au micro-ondes, puis versez dans le lait. Ajoutez le tout dans la préparation précédente, puis incorporez la cassonade. Mélangez bien pour obtenir une pâte homogène.

2. Versez la pâte dans le moule rectangulaire beurré, puis sélectionnez le **Programme P1-Gâteaux à partager** pour 35 min de cuisson. Laissez refroidir quelques minutes avant de démouler, puis laissez complètement refroidir sur une grille.

INGRÉDIENTS

2 citrons

2 oranges

4 œufs
160 g de sucre en poudre

500 g de ricotta

2 c. à café d'eau
de fleur d'oranger

2 c. à soupe de fécule
de maïs

FIADONE AUX AGRUMES

6 PERSONNES

15 min **45 min**
MATÉRIEL : grand moule rectangulaire

1. Dans un récipient, faites blanchir les œufs avec le sucre en fouettant à l'aide d'un batteur pendant 3 min. Incorporez la ricotta, le zeste d'un citron et d'une orange, l'eau de fleur d'oranger et la fécule tamisée.

2. Versez la pâte dans le moule rectangulaire recouvert de papier sulfurisé. Sélectionnez le **Programme P1-Gâteaux à partager** pour 45 min de cuisson. Laissez refroidir avant de démouler et décorez avec des tranches d'orange et de citron.

ASTUCE : *ce gâteau est traditionnellement réalisé avec de la brousse ou du brocciu frais de Corse. Si vous avez l'occasion d'en trouver, n'hésitez pas à l'utiliser pour votre prochain fiadone.*

INGRÉDIENTS

500 g de cerises fraîches
ou surgelées
120 g de sucre en poudre

3 œufs
15 cl de lait

35 cl de crème liquide
entière

125 g d'amandes en poudre
50 g de farine

20 g de cassonade
1 poignée d'amandes effilées

CLAFOUTIS AUX CERISES

6 PERSONNES

15 min **1 h**

MATÉRIEL : grand moule rectangulaire

1. Dans un grand bol, fouettez le sucre et les œufs. Ajoutez le lait, la crème, les amandes en poudre et la farine.

2. Lavez les cerises, équeutez-les et placez-les dans le moule rectangulaire chemisé de papier sulfurisé.

3. Versez la pâte sur les cerises et parsemez d'amandes effilées. Sélectionnez le **Programme P1-Gâteaux à partager** pour 50 min de cuisson.

4. Saupoudrez avec la cassonade et poursuivez la cuisson 10 min.

ASTUCE : *vous pouvez parfumer la pâte avec les graines d'une gousse de vanille ou quelques gouttes d'extrait de vanille. Si vous utilisez des cerises surgelées, veillez à les décongeler au préalable.*

grand classique

spécial kids

INGRÉDIENTS

300 g de pruneaux dénoyautés

4 œufs

150 g de sucre en poudre

200 g de farine

1 gousse de vanille

50 cl de lait entier

FAR BRETON

6 PERSONNES

15 min 55 min

MATÉRIEL : grand moule rectangulaire

1. Dans un grand bol, fouettez les œufs et le sucre. Incorporez la farine et les graines de la gousse de vanille, puis versez le lait progressivement.

2. Versez la pâte dans le moule rectangulaire recouvert de papier sulfurisé, puis ajoutez les pruneaux. Sélectionnez le **Programme P1-Gâteaux à partager** pour 55 min de cuisson. Laissez tiédir avant de déguster.

grand classique

INGRÉDIENTS

150 g de myrtilles

1 pâte brisée

200 g de sucre en poudre

110 g d'amandes en poudre
100 g de farine

3 œufs

200 g de crème fraîche épaisse
50 g de beurre froid

TARTE AUX MYRTILLES
FAÇON CRUMBLE

6 PERSONNES

15 min **50 min**

MATÉRIEL : grand moule rectangulaire

1. Dans un grand bol, mélangez 150 g de sucre, 60 g d'amandes en poudre, 50 g de farine, les œufs et la crème fraîche.

2. Déroulez la pâte brisée dans le moule rectangulaire en prenant soin de la faire remonter sur les bords. Versez la préparation aux amandes et répartissez les 'myrtilles. Sélectionnez le **Programme P1 Gâteaux à partager** pour 25 min de cuisson.

3. Pendant ce temps, mélangez dans un bol le reste de sucre, d'amandes en poudre, de farine et le beurre froid coupé en cubes. Travaillez à la main pour obtenir un mélange à la texture sableuse.

4. Répartissez le crumble sur la tarte et relancez le même programme pour 25 min. Dégustez tiède ou froid.

grand classique
spécial kids

INGRÉDIENTS

1 gousse de vanille

80 cl de lait demi-écrémé

100 g de fécule de maïs

150 g de sucre en poudre

5 œufs

1 pâte brisée

FLAN PÂTISSIER À LA VANILLE

6 PERSONNES

30 min **1 h** **4 h**

MATÉRIEL : grand moule rectangulaire

1. Faites bouillir le lait avec la gousse de vanille fendue et grattée. Mélangez la fécule avec le sucre dans un récipient, puis incorporez les œufs. Ajoutez le lait très chaud en prenant soin de retirer la gousse.

2. Reversez le tout dans la casserole et faites cuire 2 min à feu doux. La préparation va épaissir.

3. Foncez le moule rectangulaire de pâte brisée, piquez le fond avec une fourchette et versez-y la préparation. Sélectionnez le **Programme P6-Manuel** pour 1 h de cuisson à 220 °C. Laissez refroidir, puis placez le flan 4 h au frais avant de déguster.

spécial kids

INGRÉDIENTS

5 pommes golden

1 pâte feuilletée

50 g de compote de pommes

30 g de cassonade

TARTE FINE AUX POMMES

4 PERSONNES

15 min **40 min**

MATÉRIEL : grand moule rectangulaire

1. Foncez le moule rectangulaire avec la pâte feuilletée et retirez l'excédent de pâte sur les rebords. Réservez au frais le temps de préparer la garniture.

2. Épluchez les pommes et coupez-les en fines lamelles.

3. Répartissez la compote de pommes sur la pâte en l'étalant bien. Ajoutez les pommes en les serrant les unes contre les autres, puis saupoudrez de cassonade. Sélectionnez le **Programme P6-Manuel** pour 40 min de cuisson à 180 °C.

ASTUCE : *vous pouvez servir cette tarte encore chaude accompagnée d'une boule de glace à la vanille.*

grand classique

spécial kids

INGRÉDIENTS

2 oranges

270 g de sucre en poudre
190 g de beurre

4 œufs

2 c. à soupe de Grand Marnier® ou de Cointreau®

100 g d'amandes en poudre
250 g de farine
2 c. à café de levure chimique

GÂTEAU RENVERSÉ À L'ORANGE

6 PERSONNES

20 min 45 min 10 min

MATÉRIEL : grand moule rectangulaire

1. Dans une casserole, versez 150 g de sucre, ajoutez 2 c. à soupe d'eau et réalisez un caramel ambré. Versez-le dans le moule rectangulaire en le penchant pour recouvrir tout le fond. Laissez figer à température ambiante.

2. Coupez le beurre en morceaux et faites-le ramollir quelques secondes au micro-ondes à faible puissance. Coupez les oranges en tranches fines et déposez-les sur le caramel durci.

3. Dans un grand bol, fouettez le sucre restant avec les œufs jusqu'à ce que le mélange blanchisse. Incorporez le beurre, l'alcool, les amandes en poudre, la farine et la levure.

4. Versez la pâte sur les oranges. Sélectionnez le **Programme P1-Gâteaux à partager** pour 45 min de cuisson. Laissez reposer 10 min avant de démouler.

ASTUCES : *en saison, utilisez des oranges sanguines au goût plus acidulé, qui contraste si bien avec le caramel de ce gâteau. Pour vous débarrasser du caramel restant dans la casserole, remplissez-la d'eau et portez à ébullition.*

grand classique

PALLARES

INGRÉDIENTS

2 pommes golden

600 g de rhubarbe

160 g de cassonade

1 c. à soupe de fécule de maïs

100 g de farine

100 g d'amandes en poudre

100 g de beurre

CRUMBLE POMMES-RHUBARBE

6 PERSONNES

20 min **45 min**

MATÉRIEL : grand moule rectangulaire

1. Rincez la rhubarbe, supprimez les feuilles et les pieds abîmés, puis coupez-la en tronçons d'environ 2 cm. Épluchez les pommes et coupez-les en cubes.

2. Dans un récipient, mélangez les fruits, 60 g de cassonade et la fécule. Répartissez dans le moule rectangulaire.

3. Dans un autre récipient, placez la farine, les amandes en poudre, la cassonade restante et le beurre en cubes. Travaillez à la main pour obtenir une texture sableuse, puis répartissez la préparation sur les fruits. Lancez le **Programme P1-Gâteaux à partager** pour 45 min de cuisson.

grand classique

spécial kids

PAIN PERDU À LA CRÈME MASCARPONE

6 PERSONNES

15 min 25 min

MATÉRIEL : grand moule rectangulaire

INGRÉDIENTS

1 grande brioche rassise d'environ 400 g (ou à défaut du pain de mie)

100 g de mascarpone
50 cl de lait

4 œufs

80 g de cassonade
10 g de beurre

1 pot de confiture de votre choix

20 cl de crème liquide entière
2 c. à soupe de sucre glace

1. Coupez la brioche en tranches épaisses d'environ 1,5 cm. Dans un récipient, fouettez le lait, les œufs et 40 g de cassonade. Faites tremper les tranches 10 min dans la préparation, en les retournant à la moitié du temps.

2. Beurrez et sucrez le moule rectangulaire avec de la cassonade. Tartinez une partie des tranches de brioche d'un peu de confiture. Déposez-les en rangées bien serrées dans le moule (alternez les rangées avec confiture et les rangées nature) jusqu'à remplir le moule.

3. Saupoudrez de la cassonade restante et sélectionnez le **Programme P1-Gâteaux à partager** pour 25 min de cuisson.

4. Dans un récipient, versez la crème et le mascarpone bien froids. À l'aide d'un batteur, montez en chantilly et incorporez le sucre glace à la fin. Servez le pain perdu avec de la chantilly.

ASTUCE : *vous pouvez remplacer la confiture par de la pâte à tartiner ou un peu de cassonade.*

express

INGRÉDIENTS

20 cl de café serré

300 g de sucre en poudre

400 g de lait concentré sucré

150 g de lait concentré non sucré

200 g de cream cheese (type Philadelphia®)

4 œufs

FLAN MEXICAIN CARAMEL-CAFÉ

6 PERSONNES

25 min **2 h** **3 h**

MATÉRIEL : grand moule rectangulaire

1. Dans une casserole, versez 180 g de sucre, 5 cl de café et réalisez un caramel ambré. Versez-le dans le moule rectangulaire en le penchant pour recouvrir tout le fond.

2. Dans un grand bol, mélangez au fouet les deux sortes de lait concentré, le cream cheese, les œufs et 5 cl de café. Si vous ne parvenez pas à lisser complètement la pâte, filtrez pour retirer les derniers morceaux.

3. Versez la préparation dans le moule et sélectionnez le **Programme P5-Crèmes desserts** pour 2 h de cuisson. Laissez refroidir le flan pendant au moins 3 h au frais.

4. Pendant ce temps, préparez un sirop caramel-café. Portez à ébullition le reste de sucre avec 2 c. à soupe d'eau, puis faites cuire pour obtenir un caramel blond. Hors du feu, versez 10 cl de café chaud, mélangez et laissez reposer 20 min.

5. Portez à ébullition 30 cl d'eau, puis plongez le fond du moule dans l'eau chaude quelques secondes avant de démouler. Nappez le flan avec le sirop caramel-café.

INGRÉDIENTS

½ gousse de vanille

175 g de sucre en poudre

2 œufs

25 cl de lait entier

FLAN VANILLE-CARAMEL

4 PERSONNES

20 min **1 h 30** **3 h**

MATÉRIEL : moule maxi-cookies + grille de support

1. Dans une casserole, portez à ébullition 100 g de sucre et 2 c. à soupe d'eau, puis faites cuire pour obtenir un caramel ambré. Versez aussitôt dans le moule maxi-cookies non graissé, en le penchant pour recouvrir tout le fond. Laissez le caramel figer à température ambiante.

2. Dans un récipient, fouettez les œufs avec le reste de sucre et les graines de la gousse de vanille.

3. Dans une casserole, portez le lait à ébullition, puis versez-le sur les œufs en fouettant. Versez sur le caramel, puis placez la grille de support et le moule maxi-cookies dans le Cake Factory. Sélectionnez le **Programme P5-Crèmes desserts** pour 1 h 30 de cuisson, puis laissez reposer au moins 3 h au frais.

4. Portez à ébullition 30 cl d'eau, puis plongez le fond du moule dans l'eau chaude quelques secondes avant de démouler.

ASTUCES : *pour vous débarrasser du caramel restant dans la casserole, remplissez-la d'eau et portez à ébullition. Si vous souhaitez réaliser ce flan dans le moule rectangulaire, doublez les quantités indiquées et prolongez la cuisson de 30 min.*

spécial kids

BISCUITS ET PETITS DESSERTS

INGRÉDIENTS

200 g de chocolat noir

125 g de farine

1 c. à café de bicarbonate alimentaire

120 g de beurre demi-sel

2 œufs

110 g de sucre en poudre

Fleur de sel

COOKIES TOUT CHOCOLAT À LA FLEUR DE SEL

16 COOKIES

15 min **13 min par fournée** **20 min**

MATÉRIEL : grand moule rectangulaire

1. Dans un récipient, mélangez la farine avec le bicarbonate. Faites fondre le beurre et le chocolat concassé au bain-marie ou au micro-ondes.

2. Dans un autre récipient, fouettez les œufs avec le sucre, puis incorporez le chocolat fondu. Utilisez une spatule souple pour incorporer le contenu du premier récipient sans trop travailler la pâte. Réservez 20 min au frais.

3. À l'aide d'une cuillère à glace, prélevez des portions de pâte et déposez-les dans le moule rectangulaire graissé en les espaçant (4 cookies par fournée). Sélectionnez le **Programme P6-Manuel** pour 13 min de cuisson à 180 °C.

4. En fin de cuisson, ajoutez une pincée de fleur de sel, puis réalisez les autres fournées.

spécial kids

INGRÉDIENTS

80 g de pépites de chocolat noir

80 g de noisettes

100 g de beurre

125 g de cassonade
1 œuf

150 g de farine

1 c. à café de levure chimique
1 pincée de fleur de sel

COOKIES CHOCO-NOISETTE

12 COOKIES

15 min **14 min par fournée** **10 min**
MATÉRIEL : grand moule rectangulaire

1. Coupez le beurre en morceaux et faites-le ramollir quelques secondes au micro-ondes à faible puissance. Dans un récipient, battez-le au fouet électrique avec la cassonade pour le faire blanchir et obtenir une texture crémeuse.

2. Incorporez l'œuf et mélangez de nouveau, puis ajoutez la farine, la levure, la fleur de sel, les noisettes concassées et les pépites de chocolat. Travaillez la pâte jusqu'à ce qu'elle soit homogène.

3. À l'aide d'une cuillère à glace, prélevez des portions de pâte. Placez-les 10 min au frais.

4. Déposez les boules de pâte dans le moule rectangulaire légèrement beurré et sélectionnez le **Programme P6-Manuel** pour 14 min de cuisson à 180 °C.

ASTUCE : *vous pouvez ajouter quelques pépites de chocolat supplémentaires sur les cookies en fin de cuisson.*

spécial kids

INGRÉDIENTS

180 g de chocolat noir

105 g de beurre

250 g de farine

125 g de sucre en poudre

3 c. à soupe de lait

1 petit œuf

20 cl de crème liquide entière

SABLÉS AU CHOCOLAT FAÇON BN®

15 SABLÉS

20 min — 17 min par fournée — 20 min

MATÉRIEL : grand moule rectangulaire

1. Coupez 75 g de beurre en morceaux et faites-le ramollir quelques secondes au micro-ondes à faible puissance. Dans un récipient, mélangez-le avec la farine et le sucre au batteur pour obtenir une texture sableuse. Ajoutez le lait et l'œuf, puis travaillez jusqu'à obtenir une boule de pâte homogène.

2. Divisez la pâte en deux et étalez chaque pâton entre 2 feuilles de papier sulfurisé sur 3 mm d'épaisseur. Placez 15 min au frais.

3. Découpez des formes dans la pâte à l'aide d'un emporte-pièce, puis placez-les 5 min au congélateur. Déposez-les dans le moule rectangulaire et sélectionnez le **Programme P6-Manuel** pour 17 min de cuisson à 180 °C. Ils doivent être dorés sur les côtés.

4. Hachez le chocolat et placez-le dans un bol avec le reste de beurre coupé en morceaux. Dans une casserole, portez la crème à ébullition et versez-la sur le chocolat. Mélangez l'ensemble pour obtenir une ganache bien lisse.

5. Assemblez les biscuits deux à deux en les garnissant de ganache.

spécial kids

INGRÉDIENTS

150 g de fruits rouges

100 g de confiture
de fruits rouges

2 blancs d'œufs

Le poids des blancs d'œufs
en sucre en poudre

MERINGUES
AUX FRUITS ROUGES

12 MERINGUES

15 min 2 h 1 h

MATÉRIEL : grand moule rectangulaire

1. Dans un récipient, battez les blancs d'œufs. Lorsqu'ils commencent à mousser, ajoutez progressivement le sucre. Continuez de battre jusqu'à ce que les blancs soient bien fermes et brillants. Versez la préparation dans une poche munie d'une douille crantée.

2. Dans le moule rectangulaire recouvert de papier sulfurisé, pochez des meringues de 3 cm de diamètre environ. Creusez-les légèrement au centre à l'aide d'une petite cuillère. Sélectionnez le **Programme P4-Meringues** pour 2 h de cuisson. Laissez sécher 1 h.

3. Ajoutez de la confiture dans chaque meringue et décorez des fruits frais.

INGRÉDIENTS

125 g de beurre demi-sel

3 jaunes d'œufs

100 g de sucre en poudre

200 g de farine

1 c. à café de levure chimique

1 pincée de vanille en poudre

SABLÉS BRETONS

15 SABLÉS

15 min — 18 min par fournée — 20 min

MATÉRIEL : grand moule rectangulaire

1. Coupez le beurre en morceaux et faites-le ramollir quelques secondes au micro-ondes à faible puissance.

2. Dans un récipient, fouettez les jaunes d'œufs avec le sucre jusqu'à ce que le mélange blanchisse. Incorporez le beurre, puis ajoutez la farine, la levure et la vanille en poudre.

3. Formez une boule de pâte et étalez-la entre 2 feuilles de papier sulfurisé sur environ 0,5 cm. Placez 20 min au frais, puis découpez des palets de 5 cm environ à l'aide d'un emporte-pièce ou d'un verre retourné.

4. Déposez les palets dans le moule rectangulaire et sélectionnez le **Programme P6-Manuel** pour 18 min de cuisson à 180 °C. Répétez l'opération jusqu'à épuisement de la pâte.

grand classique

INGRÉDIENTS

70 g de sirop d'érable

255 g de beurre

150 g de vergeoise brune
1 œuf

375 g de farine
1 c. à café de bicarbonate alimentaire

35 g de sucre glace

MAPLE LEAF

15 BISCUITS

20 min — 15 min par fournée — 30 min

MATÉRIEL : grand moule rectangulaire

1. Coupez le beurre en morceaux et faites-le ramollir quelques secondes au micro-ondes à faible puissance. Dans un récipient, travaillez 180 g de beurre et la vergeoise au batteur pour obtenir un mélange crémeux. Incorporez l'œuf, puis ajoutez 20 g de sirop d'érable, la farine et le bicarbonate.

2. Étalez la pâte entre deux feuilles de papier sulfurisé. Réservez 20 min au frais.

3. Pendant ce temps, préparez la crème d'érable. Fouettez au batteur le reste de beurre avec le sucre glace et le sirop d'érable restant.

4. Sortez la pâte du réfrigérateur et découpez-y les formes de votre choix à l'aide d'emporte-pièces. Déposez-les dans le moule rectangulaire graissé. Sélectionnez le **Programme P6-Manuel** pour 15 min de cuisson à 180 °C. Répétez l'opération jusqu'à épuisement de la pâte.

5. Laissez refroidir et assemblez les biscuits deux à deux avec une cuillerée de crème d'érable au milieu. Placez 10 min au frais, puis dégustez.

spécial kids

INGRÉDIENTS

160 g de farine

55 g de beurre

70 g de vergeoise brune

1 c. à café de levure chimique

1 c. à soupe d'épices à pain d'épice

1 petit œuf + 1 blanc

40 g de miel liquide

150 g de sucre glace

BONSHOMMES DE NOËL

8 BISCUITS

20 min **18 min** **10 min**

MATÉRIEL : grand moule rectangulaire

1. Dans un récipient, versez la moitié de la farine, ajoutez le beurre en cubes et travaillez pour obtenir une texture sableuse. Ajoutez le reste de farine, la vergeoise, la levure, les épices, l'œuf entier et le miel. Pétrissez pour obtenir une pâte homogène.

2. Étalez la pâte sur un plan de travail fariné, puis découpez des personnages à l'aide d'un emporte-pièce. Réservez 10 min au frais.

3. Déposez les bonshommes dans le moule rectangulaire et sélectionnez le **Programme P6-Manuel** pour 18 min de cuisson à 180 °C.

4. Pendant ce temps, mélangez le blanc d'œuf avec le sucre glace pour obtenir un glaçage à la texture bien dense.

5. Une fois les biscuits refroidis, utilisez un cure-dents, ou une poche munie d'une douille fine pour les décorer. Laissez sécher avant de déguster.

ASTUCE : ***à défaut de vergeoise, vous pouvez utiliser du sucre complet de canne.***

spécial kids

BISCOTTI
AUX FRUITS SECS

40 BISCUITS

15 min **36 min**

MATÉRIEL : grand moule rectangulaire

INGRÉDIENTS

200 g d'un mélange de fruits secs (100 g d'amandes blanches, 70 g de pignons, 30 g de noisettes)

2 œufs

150 g de sucre en poudre

1 citron

1 orange

½ c. à café de vanille en poudre

1 c. à soupe d'amaretto

280 g de farine

1. Dans un grand bol, mélangez les œufs, le sucre, les zestes de citron et d'orange et la vanille en poudre. Incorporez l'amaretto, les fruits secs et la farine pour obtenir une pâte souple.

2. Déposez la pâte sur un plan de travail fariné et divisez-la en deux. Affinez chaque pâton dans la longueur pour obtenir deux boudins de 3 cm de diamètre. Placez-les dans le moule rectangulaire recouvert de papier sulfurisé et sélectionnez le **Programme P6-Manuel** pour 18 min de cuisson à 180 °C.

3. Sortez délicatement les boudins du moule en vous aidant du papier sulfurisé et coupez-les en biais en tranches de 1 cm d'épaisseur. Placez les tranches à plat dans le Cake Factory. Sélectionnez le **Programme P6-Manuel** pour 8 min de cuisson à 180 °C.

4. Retournez les biscuits et lancez de nouveau le programme pour 10 min. Laissez refroidir avant de déguster.

ASTUCE : *les biscotti se conservent jusqu'à 2 mois dans une boîte hermétique. Pratique pour les pauses café à l'improviste !*

INGRÉDIENTS

200 g de pâte de spéculoos

1 pâte feuilletée rectangulaire

30 g de cassonade

PALMIERS AU SPÉCULOOS

15 PALMIERS

10 min **20 min** **20 min**

MATÉRIEL : grand moule rectangulaire

1. Déroulez la pâte et tartinez toute sa surface de pâte de spéculoos. Roulez les deux côtés les plus longs vers le centre en serrant bien. Placez 20 min au congélateur.

2. Coupez des palmiers de 0,5 cm d'épaisseur et déposez-les, face tranchée vers le haut, dans le moule rectangulaire. Saupoudrez de cassonade.

3. Sélectionnez le **Programme P6-Manuel** pour 20 min de cuisson à 200 °C. Laissez refroidir avant de déguster.

spécial kids

INGRÉDIENTS

2 c. à soupe d'eau de fleur d'oranger

3 œufs

150 g de sucre en poudre

1 sachet de sucre vanillé
1 pincée de sel

120 g de beurre fondu
5 cl de lait

250 g de farine
½ sachet de levure chimique

MADELEINES À LA FLEUR D'ORANGER

12 MADELEINES

15 min 25 min par fournée 1 h
MATÉRIEL : moules à madeleines CreaBake

1. Dans un récipient, fouettez les œufs, les deux sucres et le sel. Ajoutez le beurre, puis incorporez le lait et l'eau de fleur d'oranger. Fouettez jusqu'à ce que le mélange soit homogène, puis ajoutez la farine et la levure. Réservez la pâte 1 h au frais.

2. Répartissez la moitié de la pâte dans les moules à madeleines. Sélectionnez le **Programme P2-Gâteaux individuels** pour 25 min de cuisson. Laissez refroidir avant de démouler les madeleines et faites cuire la seconde fournée.

grand classique

INGRÉDIENTS

30 cl de lait entier

30 g de beurre

1 gousse de vanille

1 œuf + 1 jaune

150 g de sucre en poudre
75 g de farine

2 c. à soupe de rhum

CANNELÉS BORDELAIS

10 CANNELÉS

20 min 1 h 1 h

MATÉRIEL : moules à cannelés CreaBake

1. Dans une casserole, faites chauffer le lait avec le beurre et les graines et la gousse de vanille.

2. Dans un récipient, battez les œufs avec le sucre, puis ajoutez la farine. Versez le lait chaud en remuant, puis incorporez le rhum. Laissez reposer 1 h à température ambiante.

3. Répartissez la pâte dans les moules à cannelés, puis sélectionnez le **Programme P6-Manuel** pour 1 h de cuisson à 215 °C. Laissez refroidir quelques minutes avant de démouler.

grand classique

spécial kids

INGRÉDIENTS

12 cl de lait

80 g de beurre

10 g de sucre en poudre
1 c. à café de sel

130 g de farine

3 œufs

80 g de sucre en grains

CHOUQUETTES

35 CHOUQUETTES

20 min **40 min par fournée**
MATÉRIEL : grand moule rectangulaire

1. Dans une casserole, versez le lait, 12 cl d'eau, le beurre en morceaux, le sucre et le sel. Portez à ébullition et ajoutez la farine tamisée en une fois. Mélangez pour obtenir une pâte homogène.

2. Baissez le feu et continuez de mélanger 5 min pour dessécher la pâte. Hors du feu, incorporez les œufs un à un en travaillant bien entre chaque ajout.

3. Mettez la pâte dans une poche munie d'une douille unie et pochez les choux dans le moule rectangulaire, en les espaçant bien. Parsemez de sucre en grains et sélectionnez le **Programme P6-Manuel** pour 40 min de cuisson à 200 °C. Recommencez l'opération jusqu'à épuisement de la pâte.

grand classique   spécial kids

INGRÉDIENTS

80 g d'oranges confites

150 g de sucre en poudre

50 g de miel

80 g de crème liquide

150 g d'amandes effilées

80 g de chocolat noir

FLORENTINS

15 FLORENTINS

15 min **18 min**

MATÉRIEL : grand moule rectangulaire

1. Coupez les oranges confites en tout petits dés.

2. Dans une casserole, versez le sucre, le miel et la crème. Si vous possédez un thermomètre, portez le mélange à 118 °C. Dans le cas contraire, reportez-vous à l'astuce.

3. Hors du feu, incorporez les oranges confites et les amandes.

4. Versez dans le moule rectangulaire en formant des petits tas. Sélectionnez le **Programme P6-Manuel** pour 18 min de cuisson à 190 °C. Laissez refroidir complètement, puis démoulez.

5. Faites fondre le chocolat au bain-marie ou au micro-ondes à faible puissance. Nappez-en les florentins.

ASTUCE : *pour obtenir la cuisson désirée, faites chauffer la préparation à feu vif en surveillant. À partir du moment où des bulles recouvrent toute la surface en formant une mousse dense, comptez 3 min, toujours à feu très vif.*

grand classique

INGRÉDIENTS

1 pâtes brisée

60 g de beurre

1 œuf + 1 jaune

60 g de noisettes en poudre

50 g de sucre en poudre

150 g de confiture
de framboises

TARTELETTES LINZER

15 TARTELETTES

30 min **1 h par fournée** **10 min**
MATÉRIEL : moules à muffins CreaBake

1. Découpez des disques dans la pâte brisée et foncez-en les moules à muffins (faites remonter la pâte sur environ 2 cm). Déposez-y des carrés de papier sulfurisé et des poids de cuisson. Réservez 10 min au frais.

2. Sélectionnez le **Programme P6-Manuel** pour 15 min de cuisson à 200 °C.

3. Dans les chutes de pâte, découpez des bandelettes et réservez-les au frais. Coupez le beurre en morceaux et faites-le ramollir quelques secondes au micro-ondes à faible puissance.

4. Dans un récipient, fouettez le beurre avec l'œuf entier, puis incorporez les noisettes en poudre et le sucre. Garnissez les fonds des tartelettes avec cette crème de noisette, puis relancez le **Programme P6-Manuel** pour 20 min de cuisson à 200 °C. Laissez refroidir.

5. Répartissez la confiture sur la crème, puis disposez les bandelettes sur le dessus en formant des croisillons. Mélangez le jaune d'œuf avec 1 c. à soupe d'eau et dorez les tartelettes à l'aide d'un pinceau. Relancez une nouvelle fois le **Programme P6-Manuel** pour 25 min de cuisson à 200 °C.

spécial kids

INGRÉDIENTS

1 c. à café d'extrait de vanille liquide

3 œufs

Le poids des œufs en sucre en poudre

2 pincées de sel

Le poids des œufs en beurre + 1 noix pour le moule

Le poids des œufs en farine

PETITS QUATRE-QUARTS À LA VANILLE

6 QUATRE-QUARTS

15 min **30 min**

MATÉRIEL : moules à petits cakes CreaBake

1. Pesez les œufs, puis pesez le même poids de sucre, de beurre et de farine.

2. Séparez les blancs des jaunes d'œufs. Fouettez les jaunes avec le sucre et le sel dans un saladier jusqu'à ce que le mélange blanchisse. Ajoutez le beurre fondu, puis la farine et l'extrait de vanille liquide.

3. Battez les blancs en neige bien ferme, puis incorporez-les très délicatement au mélange précédent.

4. Répartissez la pâte dans les moules à petits cakes beurrés. Sélectionnez le **Programme P2-Gâteaux individuels** pour 30 min. Laissez refroidir avant de démouler.

grand classique · spécial kids · express

Tefal
Automatic
Manual
OK
start

INGRÉDIENTS

150 g d'amandes en poudre

100 g de sucre glace

70 g de blancs d'œufs
(environ 2 blancs)

2 gouttes d'extrait d'amande
amère (optionnel)

MACARONS DE NANCY

12 MACARONS

10 min **25 min**

MATÉRIEL : grand moule rectangulaire

1. Dans un grand bol, mélangez les amandes en poudre avec le sucre glace. Incorporez les blancs d'œufs et l'extrait d'amande amère.

2. Répartissez la pâte en petits tas bien espacés dans le moule rectangulaire recouvert de papier sulfurisé.

3. Trempez un pinceau dans de l'eau et humidifiez légèrement la surface des macarons. Sélectionnez le **Programme P6-Manuel** pour 25 min de cuisson à 150 °C.

express

INGRÉDIENTS

2 pommes golden

80 g de cerneaux de noix

250 g de farine

175 g de cassonade
1 c. à café de bicarbonate

2 c. à café de cannelle en poudre

25 cl de lait
9 cl d'huile de tournesol
1 œuf

MUFFINS AUX POMMES ET AUX NOIX

12 MUFFINS

15 min **45 min par fournée**
MATÉRIEL : moules à muffins CreaBake

1. Épluchez les pommes. Coupez-en une en tranches fines et la seconde en petits dés.

2. Dans un grand bol, mélangez la farine, la cassonade, le bicarbonate, la cannelle et les noix concassées. Faites un puits au centre et versez-y le lait, l'huile et l'œuf. Mélangez pour obtenir une pâte homogène.

3. Versez la pâte jusqu'à mi-hauteur dans les moules à muffins beurrés et farinés. Ajoutez une poignée de dés de pomme et enfoncez les morceaux dans la pâte. Ajoutez 3 tranches de pomme et 1 c. à café de cassonade sur chaque muffin.

4. Sélectionnez le **programme P2-Gâteaux individuels** pour 45 min de cuisson. Réalisez la seconde fournée.

ASTUCE : *si vous utilisez des moules à muffins en silicone, vous n'avez pas besoin de les beurrer ni de les fariner.*

spécial kids

FINANCIERS

12 FINANCIERS

15 min 25 min par fournée

MATÉRIEL : moules à petits cakes CreaBake

INGRÉDIENTS

225 g de beurre + 1 noix pour les moules

75 g de farine

2 c. à café de levure chimique

150 g de sucre glace

1 pincée de vanille en poudre

180 g d'amandes en poudre

240 g de blancs d'œufs (environ 6)

VERSION CLASSIQUE

3 c. à soupe de miel

VERSION AUX FRUITS

3 c. à soupe de miel

125 g de framboises

VERSION AU CHOCOLAT

70 g de chocolat fondu

1. Dans un grand bol, mélangez la farine, la levure, le sucre glace, la vanille et les amandes en poudre. Incorporez le beurre fondu et les blancs d'œufs.

2. Si vous réalisez des financiers au chocolat, incorporez le chocolat fondu. Pour la version classique et celle aux fruits, incorporez le miel.

3. Remplissez aux trois quarts les moules à petits cakes beurrés et farinés. Ajoutez quelques framboises si vous réalisez la version aux fruits. Sélectionnez le **Programme P2-Gâteaux individuels** pour 25 min de cuisson. Réalisez la seconde fournée.

ASTUCE : *si vous utilisez des moules à petits cakes en silicone, vous n'avez pas besoin de les beurrer ni de les fariner.*

grand classique

INGRÉDIENTS

1 c. à soupe de cannelle
15 cl de lait

1 sachet de levure de boulanger sèche (8 g)

50 g de sucre en poudre

160 g de beurre + 1 noix pour les moules

400 g de farine
2 œufs

50 g de cassonade + pour saupoudrer

CINNAMON ROLLS

12 ROULÉS

30 min 25 min 3 h 10

MATÉRIEL : moules à muffins CreaBake

1. Dans une casserole, faites tiédir le lait et délayez la levure. Incorporez le sucre et laissez reposer 10 min. Coupez le beurre en morceaux et faites-le ramollir quelques secondes au micro-ondes à faible puissance.

2. À l'aide d'un batteur, mélangez le lait, la levure et la farine. Incorporez les œufs un à un, puis ajoutez progressivement 90 g de beurre. Veillez à ce que la pâte ait absorbé tout le beurre avant d'en incorporer de nouveau. Pétrissez 5 min à vitesse élevée, puis formez une boule. Couvrez et laissez pousser 1 h 30.

3. Divisez la pâte en deux et étalez chaque pâton en un rectangle de 0,5 cm d'épaisseur. Tartinez-les du beurre restant, puis saupoudrez de cassonade et de cannelle.

4. Roulez le côté le plus long sur lui-même pour obtenir un boudin de diamètre un peu plus petit que celui des moules à muffins. Coupez en tranches très épaisses (4 cm au moins) et déposez-les dans les moules à muffins beurrés. Laissez pousser 1 h 30.

5. Saupoudrez d'un peu de cassonade, puis sélectionnez le **Programme P6-Manuel** pour 25 min de cuisson à 200 °C.

ASTUCES : *une fois vos cinnamon rolls dans leur moule, vous pouvez aussi les laisser pousser toute une nuit au frais et les cuire le lendemain matin pour les déguster tout chauds ! Vous pouvez réaliser une crème avec 50 g de cream cheese et 50 g de sucre glace détendue à l'eau. Nappez-en les cinnamon rolls dès la sortie du four.*

INGRÉDIENTS

150 g de myrtilles

310 g de farine

75 g de sucre en poudre

5 g de levure chimique ou de bicarbonate (2 c. à café rases)

160 g de beurre + 1 noix pour le moule

1 œuf

15 cl de lait fermenté (lait ribot)

1 c. à soupe de lait

2 c. à soupe de cassonade

SCONES AUX MYRTILLES

6 PERSONNES

15 min **1 h**

MATÉRIEL : grand moule rectangulaire

1. Dans un grand bol, mélangez la farine, le sucre et la levure. Ajoutez le beurre coupé en cubes et travaillez la pâte à la main pour obtenir une texture sableuse.

2. Placez le mélange dans un récipient, puis incorporez l'œuf battu et le lait fermenté. Pétrissez à l'aide d'un batteur jusqu'à obtenir une pâte homogène.

3. Versez la pâte dans le moule rectangulaire beurré et sucré. Ajoutez les myrtilles en les enfonçant délicatement dans la pâte, puis badigeonnez de lait et saupoudrez de cassonade. Sélectionnez le **Programme P1-Gâteaux à partager** pour 1 h de cuisson. Laissez tiédir, puis coupez en triangles.

ASTUCE : *ouvrez les scones en deux et garnissez-les d'un peu de crème fraîche ou de beurre et de confiture.*

grand classique

INGRÉDIENTS

90 g de chocolat noir

60 g de sucre en poudre

1 œuf + 2 jaunes

25 cl de crème liquide

25 cl de lait entier

CRÈMES AU CHOCOLAT

4 À 6 PERSONNES

15 min **2 h** **15 min**

MATÉRIEL : grand moule rectangulaire + ramequins ou pots en verre

1. Dans un grand bol, fouettez le sucre et les œufs pour obtenir un mélange homogène.

2. Dans une casserole, concassez le chocolat et faites-le fondre dans la crème à feu moyen en surveillant bien. Versez sur les œufs en mélangeant, puis incorporez le lait. Laissez reposer 15 min pour que l'air s'échappe et qu'il n'y ait presque plus de bulles dans la pâte.

3. Répartissez la préparation dans des ramequins ou des pots en verre, puis déposez-les dans le moule rectangulaire. Sélectionnez le **Programme P5-Crèmes desserts** pour 2 h de cuisson.

ASTUCE : *pour varier et apporter une nouvelle touche à ces crèmes, vous pouvez râper une demi-fève tonka dans la préparation.*

grand classique spécial kids

GÂTEAUX ET DESSERTS

POUR RECEVOIR

INGRÉDIENTS

225 g de cream cheese (type Philadephia®)

100 g de fruits rouges mélangés

110 g de sablés

80 g de beurre fondu

2 œufs

50 g de sucre en poudre

25 g de farine

Quelques gouttes de jus de citron

1 c. à soupe de crème fraîche

20 cl de coulis de framboises

CHEESECAKE AUX FRUITS ROUGES

6 PERSONNES

15 min 45 min 2 h

MATÉRIEL : moule maxi-cookies + grille de support

1. Mixez les sablés et incorporez-y 50 g de beurre fondu. Tassez au fond du moule maxi-cookies et réservez 2 h au frais.

2. Pendant ce temps, fouettez dans un grand bol les œufs avec le sucre, puis incorporez la farine et le jus de citron.

3. Dans un second bol, fouettez le cream cheese avec le reste de beurre fondu et la crème. Incorporez le mélange aux œufs, puis versez la pâte sur les biscuits.

4. Placez la grille de support avec le moule dans le Cake Factory. Sélectionnez le **Programme P1-Gâteaux à partager** pour 45 min de cuisson. Laissez complètement refroidir avant de démouler. Servez avec le coulis de framboises et les fruits rouges.

ASTUCE : *vous pouvez utiliser le moule rectangulaire pour réaliser le cheesecake, Doublez alors les quantités et prolongez la cuisson de 15 min.*

grand classique

ok
start

INGRÉDIENTS

10 abricots

100 g de confiture d'abricots

4 œufs

125 g de sucre en poudre

125 g de farine

½ sachet de levure chimique

1 noix de beurre

GÉNOISE AUX ABRICOTS

6 PERSONNES

15 min **25 min**

MATÉRIEL : grand moule rectangulaire

1. Séparez les blancs des jaunes d'œufs. Fouettez les jaunes avec le sucre jusqu'à ce que le mélange blanchisse. Battez les blancs en neige bien ferme.

2. Déposez une petite quantité de blancs montés dans la première préparation en battant avec un fouet afin de détendre le tout. Incorporez très délicatement le reste des blancs, en faisant attention de ne pas les casser. Tamisez la farine et la levure, puis ajoutez-les en pluie dans la pâte.

3. Versez la pâte dans le moule rectangulaire beurré. Sélectionnez le **Programme P1-Gâteaux à partager** pour 25 min de cuisson. Laissez refroidir avant de démouler et coupez la génoise en deux dans la hauteur.

4. Nappez une moitié de génoise de confiture d'abricots, replacez la seconde partie et décorez avec des demi-abricots.

express

INGRÉDIENTS

250 g de fruits rouges
1 génoise légère (voir p. 12)

4 feuilles de gélatine

100 g de cassis

200 g de coulis de framboises

4 œufs + 2 jaunes
120 g de sucre en poudre
2 c. à soupe de fécule de maïs
80 g de beurre

150 g de mascarpone
10 cl de crème liquide entière

GÂTEAU LÉGER AUX FRUITS ROUGES

6 PERSONNES

25 min 35 min 2 h

MATÉRIEL : grand moule rectangulaire

1. Réalisez une génoise en vous reportant à la recette page 12. Laissez-la refroidir.

2. Pendant ce temps, placez les feuilles de gélatine dans un bol d'eau froide. Mixez les cassis avec le coulis de framboises, puis versez dans une casserole et portez à ébullition.

3. Fouettez les œufs entiers et les jaunes avec le sucre et la fécule. Incorporez la pulpe de fruits chaude, puis reversez dans la casserole. Portez à ébullition en fouettant 5 min à feu moyen. Hors du feu, incorporez le beurre, puis la gélatine essorée. Réservez 2 h au frais.

4. Montez la crème liquide bien froide et le mascarpone en chantilly ferme à l'aide d'un batteur. Fouettez la crème aux fruits au batteur pour lui redonner de la souplesse. Incorporez délicatement la chantilly.

5. Coupez la génoise en deux dans la longueur pour obtenir 2 longs morceaux. Recoupez chaque moitié en deux dans l'épaisseur. Assemblez le gâteau en intercalant des couches de crème et des couches de génoise. Terminez par une couche de crème et disposez les fruits rouges frais par-dessus.

INGRÉDIENTS

5 pommes golden

200 g de sucre en poudre

1 citron

80 g de beurre demi-sel

250 g de caramel
au beurre salé

5 œufs
150 g de farine
1 c. à café de bicarbonate

GÂTEAU AUX POMMES FAÇON TATIN

6 PERSONNES

30 min **40 min** **15 min**

MATÉRIEL : grand moule rectangulaire

1. Dans une casserole, versez 100 g de sucre, ajoutez 2 c. à soupe d'eau et portez à ébullition. Faites cuire jusqu'à obtenir une coloration ambrée, puis versez dans le moule rectangulaire en le penchant pour recouvrir le fond. Laissez figer à température ambiante.

2. Épluchez les pommes et coupez-les en quartiers. Dans une poêle, versez le reste de sucre et 2 c. à soupe d'eau pour réaliser un caramel ambré. Ajoutez les pommes et mélangez. Après 3 min, versez le jus du citron. Continuez de faire sauter les pommes 10 min environ, puis placez-les dans le moule.

3. Mélangez le beurre fondu avec le caramel au beurre salé (réchauffez-le si besoin). Incorporez les œufs, puis la farine et le bicarbonate.

4. Versez la pâte sur les pommes et sélectionnez le **Programme P1-Gâteaux à partager** pour 40 min de cuisson. Laissez reposer 15 min avant de démouler.

ASTUCE : *pour un caramel au beurre salé maison, versez 130 g de sucre et 2 c. à soupe d'eau dans une casserole. Réalisez un caramel ambré puis, hors du feu, incorporez 8 cl de crème liquide chaude et 40 g de beurre demi-sel.*

gâteau waouh

INGRÉDIENTS

300 g de noix en poudre + quelques brisures

7 c. à café d'extrait de café

370 g de beurre ramolli

460 g de sucre en poudre

8 œufs + 4 jaunes

340 g de farine

4 c. à café de levure chimique

4 feuilles de gélatine

50 cl de lait

50 g de fécule de maïs

20 cl de crème liquide entière

100 g de mascarpone

LAYER CAKE CAFÉ-NOIX

12 PERSONNES

40 min **1 h** **2 h**

MATÉRIEL : grand moule rectangulaire

1. À l'aide d'un batteur électrique, fouettez 340 g de beurre avec 340 g de sucre jusqu'à ce que le mélange blanchisse. Incorporez les œufs entiers un à un, puis ajoutez 4 c. à café d'extrait de café et les noix. Mélangez la farine avec la levure et incorporez-les à la pâte.

2. Versez la moitié de la pâte dans le moule rectangulaire beurré. Sélectionnez le **Programme P1-Gâteaux à partager** pour 30 min de cuisson. Recommencez l'opération avec le reste de pâte pour obtenir 2 gâteaux. Pendant ce temps, placez les feuilles de gélatine dans un bol d'eau froide.

3. Dans une casserole, portez le lait à ébullition. Fouettez les jaunes d'œufs avec le sucre restant et la fécule. Versez le lait chaud sur le mélange, puis reversez le tout dans la casserole. Faites cuire à feu moyen en remuant pour épaissir la crème, jusqu'à ébullition. Ôtez du feu et incorporez l'extrait de café restant, la gélatine et 30 g de beurre. Filmez et réservez 2 h au frais.

4. À l'aide d'un batteur électrique, montez la crème et le mascarpone en chantilly, puis réservez au frais. Fouettez au batteur la crème au café pour l'assouplir, puis incorporez délicatement la crème montée.

5. Coupez les gâteaux refroidis en deux dans l'épaisseur, puis utilisez la crème pour les assembler en réalisant des couches. Terminez par quelques brisures de noix.

ASTUCE : *vous pouvez saupoudrer le gâteau d'un peu de sucre glace au moment de servir.*

INGRÉDIENTS

300 g de framboises

10 cl de coulis
de fruits rouges

2 génoises (voir p. 12)

1 c. à soupe de sucre glace

POUR LA CHANTILLY

200 g de mascarpone froid

15 cl de crème liquide
entière froide

40 g de sucre glace

GÉNOISE AUX FRUITS ROUGES ET CHANTILLY

6-8 PERSONNES

40 min **50 min**

MATÉRIEL : grand moule rectangulaire

1. Réalisez 2 génoises en vous reportant à la recette page 12. Laissez-les refroidir.

2. Préparez la chantilly. Dans un récipient, battez au fouet électrique le mascarpone et la crème, jusqu'à ce que le mélange devienne mousseux. Ajoutez le sucre glace et continuez de battre jusqu'à ce que la préparation soit aérienne.

3. Déposez la moitié de la chantilly sur l'une des génoises, puis ajoutez des framboises et du coulis de fruits rouges.

4. Couvrez avec la seconde génoise, puis répartissez le reste de chantilly par-dessus. Ajoutez une nouvelle fois des framboises et du coulis de fruits rouges. Saupoudrez de sucre glace et servez aussitôt.

INGRÉDIENTS

POUR LE CRAQUELIN

50 g de beurre ramolli
50 g de farine

50 g de vergeoise

POUR LA PÂTE À CHOUX

6 cl de lait
6 cl d'eau
40 g de beurre
2 petits œufs

65 g de farine
5 g de sucre en poudre
½ c. à café de sel

POUR LA CRÈME MOUSSELINE PRALINÉE

25 cl de lait
2 jaunes d'œufs
50 g de sucre en poudre
20 g de fécule de maïs
60 g de beurre ramolli

60 g de pâte de praliné
1 trait de rhum

PARIS-BREST

6 PERSONNES

40 min **50 min**

MATÉRIEL : grand moule rectangulaire

1. Préparez le craquelin. Mélangez le beurre avec la farine et la vergeoise. Étalez finement cette pâte entre deux feuilles de papier sulfurisé, puis réservez au frais.

2. Préparez la pâte à choux en vous reportant à la recette p. 82. Versez-la dans une poche munie d'une douille unie. Pochez une grande couronne ovale de choux dans le moule rectangulaire graissé.

3. Découpez le craquelin en disques légèrement plus grands que les choux (utilisez un verre retourné). Placez-les sur chaque chou, puis sélectionnez le **Programme P6-Manuel** pour 50 min de cuisson à 200 °C.

4. Préparez la crème mousseline. Dans une casserole, portez le lait à ébullition. Fouettez les jaunes d'œufs avec le sucre et la fécule. Versez le lait chaud sur le mélange, puis reversez le tout dans la casserole. Faites cuire à feu moyen pour épaissir la crème, jusqu'à ébullition. Ôtez du feu, filmez et réservez au frais jusqu'à refroidissement complet.

5. Travaillez le beurre avec le praliné au batteur pour obtenir un mélange homogène. Fouettez la crème pâtissière au batteur pour l'assouplir, puis incorporez le beurre au praliné et le rhum.

6. Coupez la couronne dans l'épaisseur, puis garnissez de crème juste avant de déguster.

ASTUCE : *si vous préparez le paris-brest à l'avance, pensez à le sortir du réfrigérateur au moins 30 min avant dégustation. Vous pouvez ajouter un petit point de praliné au milieu des choux pour plus de gourmandise.*

grand classique

INGRÉDIENTS

200 g de framboises

10 cl de coulis de fruits rouges

3 fruits de la Passion

POUR LES PAVLOVAS

2 blancs d'œufs

110 g de sucre en poudre

½ c. à café de vinaigre blanc

POUR LA CHANTILLY

200 g de mascarpone froid

15 cl de crème liquide entière froide

40 g de sucre glace

PAVLOVAS AUX FRUITS ROUGES ET PASSION

6 PERSONNES

30 min **1 h 30**

MATÉRIEL : grand moule rectangulaire

1. Préparez les pavlovas. Montez les blancs en neige bien ferme, puis ajoutez le sucre et continuez de battre pendant environ 6 min, jusqu'à ce que la préparation soit bien lisse et brillante. Ajoutez le vinaigre et battez 2 min supplémentaires.

2. Découpez une feuille de papier sulfurisé et déposez-la au fond du moule rectangulaire. Versez la préparation dans une poche munie d'une douille crantée et pochez 2 belles pavlovas. Sélectionnez le **Programme P4-Meringues** pour 1 h 30 de cuisson. Laissez refroidir.

3. Préparez la chantilly. Versez le mascarpone et la crème dans un récipient, puis battez au fouet électrique jusqu'à ce que le mélange devienne mousseux. Ajoutez le sucre glace et continuez de battre jusqu'à ce que la préparation soit aérienne.

4. Déposez une belle quantité de chantilly sur chaque pavlova, puis ajoutez des framboises fraîches. Versez du coulis de fruits rouges, puis prélevez les graines des fruits de la Passion et parsemez-en les pavlovas.

gâteau waouh

INGRÉDIENTS

1 pâte feuilletée
45 g de farine

200 g de sucre en poudre

3 citrons

100 g d'amandes en poudre

3 œufs

POUR LA MERINGUE ITALIENNE

125 g de sucre en poudre

2 blancs d'œufs

TARTE AU CITRON MERINGUÉE

4 PERSONNES

30 min **45 min**

MATÉRIEL : moule maxi-cookies + grille de support

1. Découpez un disque de pâte feuilletée de la taille du moule maxi-cookies. Foncez-en le moule, puis déposez-y une feuille de papier sulfurisé et des poids de cuisson. Installez la grille de support avec le moule et sélectionnez le **Programme P6-Manuel** pour 20 min de cuisson à 200 °C.

2. Pendant ce temps, mélangez la farine, 200 g de sucre, les amandes en poudre et le jus des citrons. Ajoutez 3 œufs entiers et 1 jaune d'œuf (conservez le blanc pour la meringue), puis mélangez pour obtenir une crème homogène.

3. Retirez les poids et le papier du moule, puis versez-y la crème au citron aux trois quarts. Sélectionnez le **Programme P6-Manuel** pour 25 min de cuisson à 200 °C.

4. Pendant ce temps, réalisez une meringue italienne. Dans une casserole, versez 125 g de sucre et 6 cl d'eau, puis portez à 121 °C. En parallèle, montez les 2 blancs d'œufs en neige : ils doivent être denses, mais pas serrés au maximum. Versez le sucre cuit en filet sur les blancs presque complètement montés, tout en fouettant au batteur jusqu'à refroidissement complet.

5. Étalez la meringue sur la tarte en formant des volutes à la cuillère, puis utilisez un chalumeau de cuisine pour faire caraméliser.

ASTUCE : *simplifiez la recette en remplaçant la meringue italienne par des petites meringues toutes prêtes que vous disposerez sur la tarte. Dans ce cas, pas besoin d'utiliser le chalumeau de cuisine.*

CONSEIL : *pour réaliser cette recette dans le grand moule rectangulaire, préparez la crème au citron avec 250 g de sucre, 4 citrons, 4 œufs et 200 g d'amandes en poudre. Pour la meringue, comptez 3 blancs d'œufs et 200 g de sucre. Faites cuire à blanc 30 min, puis 35 min avec la crème.*

INGRÉDIENTS

3 poires mûres

1 pâte brisée

100 g de beurre
100 g de sucre en poudre

2 œufs

100 g d'amandes en poudre

30 g d'amandes effilées

80 g de pépites de chocolat

TARTE BOURDALOUE

4 PERSONNES

20 min **1 h**

MATÉRIEL : grand moule rectangulaire

1. Déroulez la pâte brisée et foncez-en le moule rectangulaire. Déposez-y un rectangle de papier sulfurisé et des poids de cuisson. Sélectionnez le **Programme P6-Manuel** pour 10 min de cuisson à 200 °C.

2. Coupez le beurre en morceaux et faites-le ramollir quelques secondes au micro-ondes à faible puissance.

3. Dans un récipient, travaillez le beurre avec le sucre au fouet électrique pour obtenir une texture crémeuse. Incorporez les œufs un à un, puis ajoutez les amandes en poudre.

4. Épluchez les poires et coupez-les en quartiers.

5. Laissez tiédir le fond de tarte précuit, puis garnissez-le de crème d'amande et de poires. Saupoudrez d'amandes effilées. Lancez le **Programme P6-Manuel** pour 40 min de cuisson à 200 °C. Ajoutez les pépites de chocolat et poursuivez la cuisson encore 10 min.

grand classique

INGRÉDIENTS

310 g de beurre

165 g de farine

300 g de sucre en poudre

600 g de lait concentré sucré

2 c. à soupe de miel

200 g de chocolat

Fleur de sel

MILLIONNAIRE SHORTBREAD

10 PERSONNES

15 min 45 min 45 min

MATÉRIEL : grand moule rectangulaire

1. Faites ramollir 130 g de beurre quelques secondes au micro-ondes à faible puissance. Travaillez-le avec la farine et 120 g de sucre au batteur pour obtenir une boule de pâte homogène.

2. Chemisez le moule rectangulaire de papier sulfurisé en prenant soin de le faire remonter le long de la paroi. Tassez-y la pâte puis sélectionnez le **Programme P6-Manuel** pour 45 min de cuisson à 170 °C.

3. Pendant ce temps, versez le lait concentré sucré, le miel, 180 g de sucre et le reste de beurre en morceaux dans une casserole. Portez à ébullition, puis faites cuire 20 min en remuant. Une fois que la préparation a pris une couleur caramel, versez-la sur le biscuit et laissez durcir 30 min à température ambiante.

4. Faites fondre le chocolat au bain-marie et répartissez-le sur le gâteau. Ajoutez une pincée de fleur de sel, puis réservez 15 min au frais avant de couper en fines tranches ou en petits cubes.

spécial kids

INGRÉDIENTS

150 g de fraises gariguettes
75 g de beurre
125 g de farine

1 jaune d'œuf

POUR LA CRÈME À LA VERVEINE

1 branche de verveine (fraîche ou sèche)

20 cl de crème liquide entière

100 g de mascarpone

40 g de sucre glace

MINI-TARTELETTES FRAISES-VERVEINE

12 TARTELETTES

30 min 15 min 1 nuit + 10 min
MATÉRIEL : moules à tartelettes CrispyBake

1. La veille, réservez quelques feuilles de verveine, puis faites chauffer la crème avec le reste de feuilles. Lorsque la crème bout, ôtez du feu, mélangez et filmez. Laissez refroidir, puis placez 1 nuit au frais.

2. Le jour même, mélangez le beurre avec la farine et sablez la préparation à la main. Faites un creux au centre, puis incorporez le jaune d'œuf et 3 c. à soupe d'eau. Travaillez pour obtenir une pâte homogène.

3. Étalez la pâte sur un plan de travail fariné, puis découpez-la en disques et foncez-en les moules à tartelettes. Réservez 10 min au frais.

4. Garnissez les moules de carrés de papier sulfurisé et de poids de cuisson. Lancez le **Programme P6-Manuel** pour 10 min de cuisson à 200 °C, puis retirez les poids et prolongez la cuisson de 5 min.

5. Pendant ce temps, filtrez la crème infusée, puis versez-la dans un bol avec le mascarpone et montez en chantilly dense. Incorporez progressivement le sucre glace. Versez dans une poche munie d'une douille cannelée et réservez au frais.

6. Garnissez les fonds de tartelettes refroidis de crème, puis ajoutez des quartiers de fraises et décorez avec les feuilles réservées.

ASTUCES : *à défaut de la verveine, vous pouvez utiliser du basilic. Si vous avez le temps, vous pouvez réaliser des feuilles de verveine cristallisée en les passant dans du blanc d'œuf, puis dans du sucre. Laissez ensuite sécher quelques heures à l'air libre.*

INGRÉDIENTS

150 g de purée de potiron

110 g de sucre en poudre

2 œufs

65 g de beurre
+ 1 noix pour les moules

2 c. à café de levure chimique

240 g de farine

3 c. à café d'épices à pain d'épice

110 g de cream cheese (type Philadelphia®)

150 g de sucre glace

1 c. à café de cannelle en poudre

CUPCAKES FAÇON PUMPKIN PIE

6 CUPCAKES

20 min **30 min**

MATÉRIEL : moules à muffins CreaBake

1. Dans un grand bol, fouettez le sucre, les œufs, 40 g de beurre fondu et la purée de potiron. Incorporez la levure et la farine tamisées, puis ajoutez 2 c. à café d'épices à pain d'épice.

2. Versez la pâte aux trois quarts dans les moules à muffins beurrés. Sélectionnez le **Programme P2-Gâteaux individuels** pour 30 min de cuisson.

3. Pendant ce temps, fouettez le reste de beurre fondu avec le cream cheese, le sucre glace et le reste des épices. Versez dans une poche munie d'une douille cannelée.

4. Une fois refroidis, coupez la partie bombée des muffins, puis pochez la crème sur chacun. Saupoudrez de cannelle en poudre ou décorez d'un bâton de cannelle.

ASTUCE : *si vous utilisez des moules à muffins en silicone, vous n'avez pas besoin de les beurrer.*

gâteau waouh

spécial kids

INGRÉDIENTS

1 pâte brisée

200 g de chocolat noir

18 cl de crème liquide

15 g de sucre en poudre

3 œufs

40 g de beurre demi-sel
2 c. à soupe de miel
Fleur de sel

MINI-TARTELETTES DOUBLE CHOCOLAT

18 TARTELETTES

20 min 35 min 1 h 30

MATÉRIEL : moule à tartelettes CrispyBake

1. Découpez dans la pâte brisée des disques légèrement plus grands que les empreintes du moule. Foncez les empreintes avec la pâte, garnissez-les de papier sulfurisé et de poids de cuisson. Lancez le **Programme P6-Manuel** pour 10 min de cuisson à 180 °C, puis retirez les poids et prolongez la cuisson de 15 min à 200 °C.

2. Dans une casserole, faites fondre 100 g de chocolat avec 8 cl de crème liquide et le sucre.

3. Séparez les blancs des jaunes d'œufs et montez les blancs en neige. Ajoutez les jaunes dans le mélange au chocolat tiédi, puis incorporez délicatement les blancs montés.

4. Répartissez la mousse dans les fonds de tartelettes en prenant soin de les remplir seulement à moitié. Placez 1 h au frais.

5. Préparez la ganache. Faites fondre le reste de chocolat avec le beurre et le miel au micro-ondes ou au bain-marie. Dans une casserole, portez à ébullition le reste de crème. Versez-la sur le chocolat fondu et mélangez pour obtenir une ganache homogène. Laissez tiédir.

6. Vérifiez la prise des mousses au chocolat, puis coulez la ganache sur les tartelettes. Placez 30 min au frais, puis ajoutez une pincée de fleur de sel avant de servir.

spécial kids

INGRÉDIENTS

175 g de chocolat noir

Une douzaine
de caramels mous

140 g de beurre demi-sel
+ 1 noix pour les moules

45 g de farine

3 œufs

70 g de sucre en poudre

COULANTS AU CHOCOLAT ET CŒUR CARAMEL

6 COULANTS

15 min **20 min**

MATÉRIEL : moules à muffins CreaBake

1. Faites fondre le chocolat avec le beurre au micro-ondes ou au bain-marie.

2. Dans un grand bol, mélangez la farine, les œufs et le sucre. Incorporez le chocolat fondu.

3. Versez la pâte aux trois quarts dans les moules à muffins beurrés. Insérez un premier caramel mou au centre de chaque moule. Sélectionnez le **Programme P3-Cœurs coulants** pour 15 min de cuisson.

4. Ajoutez un caramel supplémentaire sur chaque cœur coulant et prolongez la cuisson de 5 min.

ASTUCE : *si vous utilisez des moules à muffins en silicone, vous n'avez pas besoin de les beurrer.*

express spécial kids

INGRÉDIENTS

30 feuilles de pâte filo
(soit un paquet de 500 g)

500 g d'un mélange
de fruits secs

100 g de sucre
en poudre

150 g de beurre

250 g de miel

2 c. à soupe d'eau
de fleur d'oranger

BAKLAVAS AUX FRUITS SECS

6 PERSONNES

30 min **40 min**

MATÉRIEL : grand moule rectangulaire

1. Mixez les fruits secs avec le sucre. Faites fondre le beurre.

2. À l'aide d'un pinceau, beurrez 10 feuilles de pâte filo et superposez-les. Recoupez-les aux dimensions du moule rectangulaire, puis déposez-les dedans. Recouvrez-les de la moitié de la préparation aux fruits secs.

3. Déposez de nouveau 10 feuilles de pâte filo beurrées, puis le reste des fruits secs. Recouvrez des 10 dernières feuilles beurrées. Terminez en badigeonnant à nouveau le dessus de beurre. Coupez délicatement le baklava en losanges, puis sélectionnez le **Programme P6-Manuel** pour 40 min de cuisson à 200 °C.

4. Pendant ce temps, faites chauffer le miel avec la fleur d'oranger dans une casserole. Versez sur les baklavas cuits et encore chauds, puis laissez complètement refroidir avant de déguster.

ASTUCE : *variez la composition du mélange de fruits secs selon vos préférences : amandes, noix, noisettes, pistaches, pignons de pin…*

INGRÉDIENTS

100 g de chocolat

30 g de beurre

50 g de sucre en poudre

10 cl de lait

1 jaune d'œuf + 3 blancs

1 c. à soupe rase de fécule de maïs

SOUFFLÉS AU CHOCOLAT

6 SOUFFLÉS

20 min 15 min

MATÉRIEL : moules à muffins CreaBake

1. Faites ramollir le beurre quelques secondes au micro-ondes à faible puissance. À l'aide d'un pinceau, beurrez bien les moules à muffins, puis saupoudrez de 20 g de sucre.

2. Concassez le chocolat et faites-le fondre au bain-marie ou au micro-ondes à faible puissance.

3. Dans une casserole, portez le lait à ébullition. En parallèle, dans un récipient, mélangez le jaune d'œuf, le sucre restant et la fécule. Versez le lait chaud sur le mélange en fouettant, puis reversez le tout dans la casserole. Portez à ébullition, en mélangeant sans cesse, puis incorporez le chocolat fondu.

4. Montez les blancs en neige et incorporez-les délicatement à la préparation précédente.

5. Versez aux trois quarts dans les moules, puis sélectionnez le **Programme P6-Manuel** pour 15 min de cuisson à 200 °C. Servez aussitôt.

ASTUCE : *si vous utilisez des moules à muffins en silicone, vous n'avez pas besoin de les beurrer ni de les sucrer.*

INGRÉDIENTS

40 cl de crème liquide entière

1 gousse de vanille

3 jaunes d'œufs

80 g de sucre en poudre

6 c. à soupe de cassonade

CRÈMES BRÛLÉES

4 PERSONNES

15 min **1 h 20** **2 h 15**

MATÉRIEL : grand moule rectangulaire + ramequins

1. Dans une casserole, versez la crème et la gousse de vanille fendue et grattée. Portez à ébullition et laissez infuser 15 min à couvert.

2. Dans un bol, fouettez les jaunes d'œufs avec le sucre.

3. Retirez la gousse de la crème, puis versez l'infusion sur les œufs en fouettant.

4. Répartissez la préparation dans des ramequins, placez-les dans le moule rectangulaire, puis sélectionnez le **Programme P5-Crèmes desserts** pour 1 h 20. Réservez au moins 2 h au frais.

5. Saupoudrez les crèmes de cassonade et utilisez un chalumeau de cuisine ou le gril du four pour faire caraméliser.

grand classique

INGRÉDIENTS

135 g de sucre en poudre

40 cl de lait

10 cl de crème liquide entière

40 g de beurre demi-sel

4 jaunes d'œufs

CRÈMES CARAMEL AU BEURRE SALÉ

4-6 PERSONNES

30 min **1 h 35** **3 h**

MATÉRIEL : grand moule rectangulaire + ramequins

1. Dans une casserole, versez le sucre avec 2 c. à soupe d'eau pour réaliser un caramel ambré.

2. Pendant ce temps, dans une seconde casserole, faites chauffer 10 cl de lait et la crème.

3. Hors du feu, incorporez progressivement la moitié du mélange précédent chaud dans le caramel. Incorporez le beurre, puis le reste du mélange. Ajoutez le reste de lait et les jaunes d'œufs en fouettant.

4. Versez la préparation dans des ramequins, placez-les dans le moule rectangulaire et sélectionnez le **Programme P5-Crèmes desserts** pour 1 h 35 de cuisson. Réservez au moins 3 h au frais avant de déguster.

TRIFLE
CITRON-FRAMBOISES

INGRÉDIENTS

5 citrons

250 g de framboises

100 g de beurre
+ 1 noix pour le moule

100 g de farine

80 g de miel

4 œufs

110 g de sucre en poudre

1,5 c. à soupe
de fécule de maïs

10 cl de crème liquide
entière

2 c. à soupe de mascarpone

4 PERSONNES

30 min **30 min** **1 h 10**

MATÉRIEL : grand moule rectangulaire

1. Faites ramollir le beurre en morceaux quelques secondes au micro-ondes à faible puissance. Dans un récipient, mélangez-le avec la farine et le miel. Étalez la pâte dans le moule beurré. Placez 10 min au congélateur.

2. Faites cuire la pâte : sélectionnez le **Programme P6-Manuel** pour 30 min de cuisson à 180 °C.

3. Pendant ce temps, préparez la crème au citron. Dans une casserole, portez à frémissement le jus des citrons. En parallèle, fouettez les œufs avec le sucre et la fécule. Versez le jus chaud sur ce mélange en fouettant. Reversez le tout dans la casserole et portez à ébullition 5 min à feu moyen en mélangeant sans cesse. Laissez tiédir, puis filmez au contact et réservez 1 h au frais.

4. Dans un récipient, montez la crème bien froide et le mascarpone en chantilly au fouet électrique.

5. Réservez la moitié de la crème au citron. Dans l'autre moitié, incorporez la crème montée pour obtenir une chantilly au citron.

6. Dans 4 verres, alternez les différentes préparations : la chantilly au citron, la crème au citron, du biscuit au miel concassé et quelques framboises fraîches. Répétez pour remplir les verres, puis réservez au frais jusqu'au moment de déguster.

spécial kids

STAUB

GÂTEAUX
ET
BISCUITS
HEALTHY

INGRÉDIENTS

200 g de chocolat noir

100 g de purée d'amande complète

2 œufs

100 g de sirop d'agave

6 cl d'huile de noisette (50 g)

100 g de farine
1 pincée de bicarbonate

BROWNIE À LA PURÉE D'AMANDE

6 PERSONNES

15 min 25 min

MATÉRIEL : grand moule rectangulaire

1. Faites fondre le chocolat au bain-marie ou au micro-ondes à faible puissance.

2. Dans un saladier, fouettez les œufs, le sirop d'agave, 40 g de purée d'amande, l'huile de noisette et le chocolat fondu. Incorporez la farine et le bicarbonate.

3. Versez la pâte dans le moule rectangulaire recouvert de papier sulfurisé. Versez le reste de purée d'amande sur la pâte et formez des volutes ou des traits avec la pointe d'un couteau. Sélectionnez le **Programme P6-Manuel** pour 25 min de cuisson à 170 °C. Laissez refroidir avant de démouler.

express

Automatic
OK
start

INGRÉDIENTS

5 bananes mûres

90 g de sucre muscovado

3 œufs

10 cl d'huile de tournesol

150 g de farine

2 c. à café de levure chimique

50 g de flocons d'avoine

1 c. à café de cannelle en poudre

1 noix de beurre

BANANA CAKES

9 MINI-CAKES

15 min **35 min**

MATÉRIEL : moules à petits cakes CreaBake

1. Dans un récipient, écrasez 4 bananes à la fourchette, puis incorporez 80 g de sucre, les œufs et l'huile. Fouettez 3 min au fouet électrique à pleine puissance pour faire doubler de volume la préparation.

2. Tamisez la farine et la levure ensemble, puis incorporez-les à la pâte avec les flocons d'avoine et la cannelle. Versez la préparation aux trois quarts dans les moules à petits cakes beurrés et farinés.

3. Découpez la dernière banane en fines rondelles et répartissez-les sur les petits cakes. Saupoudrez du reste de sucre et sélectionnez le **Programme P2-Gâteaux individuels** pour 35 min de cuisson.

ASTUCE : *si vous utilisez des moules à petits cakes en silicone, vous n'avez pas besoin de les beurrer ni de les fariner.*

spécial kids

INGRÉDIENTS

300 g de compote de pommes sans sucre

200 g de chocolat noir

5 cl d'huile de tournesol (40 g)

4 œufs

100 g de sucre complet de canne

200 g de farine

½ sachet de levure chimique

1 pincée de vanille en poudre

1 noix de beurre

CAKE MARBRÉ À LA COMPOTE

6 PERSONNES

20 min **45 min**

MATÉRIEL : grand moule rectangulaire

1. Concassez le chocolat et faites-le fondre avec l'huile au bain-marie ou au micro-ondes à faible puissance.

2. Séparez les blancs des jaunes d'œufs. Montez les blancs en neige. Fouettez les jaunes avec le sucre et la compote, puis ajoutez la farine et la levure. Incorporez les blancs montés à l'aide d'une spatule souple.

3. Divisez la pâte dans deux bols. Incorporez le chocolat fondu dans l'un et la vanille en poudre dans l'autre.

4. Versez une petite quantité de pâte au chocolat dans le moule rectangulaire beurré et fariné, puis ajoutez de la pâte à la vanille. Alternez de cette manière jusqu'à épuisement des pâtes.

5. Sélectionnez le **Programme P1-Gâteaux à partager** pour 45 min de cuisson. Laissez refroidir avant de démouler.

spécial kids

INGRÉDIENTS

2 avocats mûrs

300 g de chocolat

6 œufs

150 g de cassonade

90 g de farine

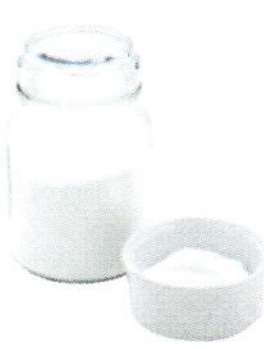

1 c. à café de bicarbonate
1 noix de beurre

FONDANT AVOCAT-CHOCOLAT

6 PERSONNES

15 min **25 min**

MATÉRIEL : grand moule rectangulaire

1. Concassez le chocolat et faites-le fondre au bain-marie ou au micro-ondes à faible puissance.

2. Mixez la chair des avocats avec le chocolat fondu pour obtenir une texture crémeuse.

3. Dans un récipient, fouettez les œufs avec la cassonade, puis incorporez-les dans le mélange précédent. Incorporez la farine et le bicarbonate.

4. Versez la pâte dans le moule rectangulaire beurré et fariné. Sélectionnez le **Programme P1-Gâteaux à partager** pour 25 min de cuisson. Laissez complètement refroidir avant de démouler et de déguster.

ASTUCE : *le fondant se conserve au frais jusqu'à 1 semaine dans une boîte hermétique.*

express

INGRÉDIENTS

150 g de carottes pelées et râpées

50 g de noisettes concassées

3 œufs

80 g de sucre de coco

8 cl d'huile de noisette

175 g de farine complète

1 sachet de levure chimique

½ c. à café de sel

½ c. à café de noix de muscade râpée

50 g de copeaux de noix de coco

200 g de fromage frais allégé

50 g de noix de coco râpée

CARROT CAKE AUX NOISETTES

6 PERSONNES

30 min 55 min

MATÉRIEL : grand moule rectangulaire

1. Dans un grand saladier, battez les œufs avec le sucre de coco. Ajoutez 2 c. à soupe d'eau chaude et l'huile de noisette. Dans un second saladier, mélangez la farine, la levure chimique, le sel et la noix de muscade, puis incorporez ce mélange à la préparation précédente. Ajoutez les carottes râpées et mélangez.

2. Ajoutez les noisettes et les copeaux de noix de coco à la pâte (conservez quelques noisettes), mélangez et versez dans le moule rectangulaire. Sélectionnez le **Programme P1-Gâteaux à partager** pour 55 min de cuisson. Laissez complètement refroidir à température ambiante.

3. Mélangez le fromage frais avec la noix de coco râpée, puis nappez-en le gâteau avec une spatule. Décorez de quelques noisettes.

spécial kids

CAKES À LA RHUBARBE, CITRON ET HUILE D'OLIVE

4 PERSONNES

15 min **30 min**

MATÉRIEL : moules à petits cakes CreaBake

INGRÉDIENTS

100 g de rhubarbe

2 citrons

7 cl d'huile d'olive (60 g)

130 g de sucre en poudre

90 g de crème épaisse

3 œufs

60 g de pistaches

180 g de farine

2 c. à café rase de levure chimique

1 noix de beurre

1. Dans un récipient, fouettez le sucre avec le zeste des citrons, la crème et les œufs. Incorporez 50 g de pistaches concassées, puis la farine et la levure tamisées ensemble.

2. Faites tiédir l'huile à feu doux, puis incorporez-la à la préparation sans trop travailler.

3. Rincez les tiges de rhubarbe et coupez-les en tronçons.

4. Versez la pâte aux trois quarts dans les moules à petits cakes beurrés et farinés. Ajoutez la rhubarbe et le reste de pistaches concassées. Sélectionnez le **Programme P2-Gâteaux individuels** pour 30 min de cuisson.

ASTUCE : ***si vous utilisez des moules à petits cakes en silicone, vous n'avez pas besoin de les beurrer ni de les fariner.***

express

INGRÉDIENTS

300 g d'un mélange de fruits à coque (noisettes, noix, amandes, pistaches, etc.)

125 g de beurre + 1 noix pour le moule

80 g de sucre complet

50 g de vergeoise

4 œufs

10 cl de crème liquide

100 g noisettes en poudre

125 g de cranberries séchées

200 g de farine

½ sachet de levure chimique

GÂTEAU ÉNERGIE AUX FRUITS À COQUE

8 PERSONNES

20 min **30 min**

MATÉRIEL : grand moule rectangulaire

1. Concassez grossièrement les fruits à coque à l'aide d'un couteau à pain.

2. Faites ramollir le beurre en morceaux quelques secondes au micro-ondes à faible puissance. Dans un récipient, travaillez-le avec le sucre et la vergeoise au fouet électrique pour obtenir une texture crémeuse. Incorporez les œufs un à un, puis la crème, les noisettes en poudre, les fruits à coque, les cranberries, la farine et la levure.

3. Versez la pâte dans le moule rectangulaire beurré et sélectionnez le **Programme P1-Gâteaux à partager** pour 30 min de cuisson.

ASTUCE : *ce gâteau sera l'allié de vos petits déjeuners car il est très complet et peu sucré. Vous pouvez le conserver jusqu'à 2 semaines dans une boîte hermétique ou bien emballé dans un bee wrap.*

BARRES DE CÉRÉALES MULTI-NOIX ET CHOCOLAT

8 BARRES

15 min — 17 min

MATÉRIEL : moules à petits cakes CreaBake

INGRÉDIENTS

50 g de noix de pécan

85 g de noisettes

100 g de pépites de chocolat au lait

180 g de flocons d'avoine

85 g de purée de noisette

120 g de sirop d'agave

2 c. à soupe d'huile de tournesol

1 noix de beurre pour le moule

1. Mixez les flocons d'avoine pour obtenir une poudre fine. Concassez les noix.

2. Mélangez tous les ingrédients. Travaillez la pâte à la main pour bien amalgamer les éléments et obtenir une texture collante.

3. Tassez la préparation dans les moules à petits cakes beurrés. Sélectionnez le **Programme P6-Manuel** pour 17 min de cuisson à 190 °C. Laissez refroidir avant de démouler.

ASTUCE : *si vous utilisez des moules à petits cakes en silicone, vous n'avez pas besoin de les beurrer ni de les fariner.*

express

spécial kids

GRANOLA

INGRÉDIENTS

100 g de noix

100 g de noisettes

100 g de noix de cajou

70 g d'un mélange de graines diverses (sésame, courge, tournesol, lin, etc.)

70 g de beurre

30 g de miel

30 g de sirop d'érable

8 PERSONNES

15 min **35 min**

MATÉRIEL : grand moule rectangulaire

1. Concassez les fruits secs à l'aide d'un couteau à pain. Mélangez-les avec les graines.

2. Dans une casserole, faites fondre le beurre, le miel et le sirop d'érable à feu doux. Versez le mélange sur les fruits secs et les graines.

3. Versez la préparation dans le moule rectangulaire recouvert de papier sulfurisé. Sélectionnez le **Programme P6-Manuel** pour 35 min de cuisson à 170 °C. Mélangez à mi-cuisson.

4. Laissez reposer, puis cassez en morceaux. Conservez dans un bocal.

grand classique

INGRÉDIENTS

200 g de purée
de patates douces

80 g de noix de pécan

3 œufs

100 g de rapadura
ou autre sucre complet

9 cl d'huile de tournesol

2 c. à café de mélange
quatre-épices

300 g de farine

½ sachet de levure chimique

1 noix de beurre

50 g de gingembre confit

CAKES À LA PATATE DOUCE ET AUX NOIX DE PÉCAN

6 CAKES

15 min **30 min**

MATÉRIEL : moule à petits cakes CreaBake

1. Dans un saladier, fouettez les œufs, le sucre, la purée de patates douces et l'huile. Incorporez les épices, la farine et la levure.

2. Versez la pâte aux trois quarts dans les moules à petits cakes beurrés. Répartissez les noix de pécan concassées et le gingembre confit en morceaux. Sélectionnez le **Programme P2-Gâteaux individuels** pour 30 min de cuisson.

ASTUCE : *si vous utilisez des moules à petits cakes en silicone, vous n'avez pas besoin de les beurrer.*

express

Automatic

INGRÉDIENTS

80 g de flocons d'avoine

90 g de cranberries séchées

120 g de beurre

70 g de sucre muscovado

1 œuf

150 g de farine

COOKIES AUX FLOCONS D'AVOINE ET CRANBERRIES

8 COOKIES

15 min 15 min 30 min

MATÉRIEL : grand moule rectangulaire

1. Faites ramollir le beurre en morceaux quelques secondes au micro-ondes à faible puissance. Dans un récipient, travaillez-le avec le sucre au fouet électrique pour obtenir une texture crémeuse. Incorporez l'œuf, puis ajoutez la farine, les flocons d'avoine et les cranberries.

2. À l'aide d'une cuillère à glace, prélevez des portions de pâte et déposez-les dans le moule rectangulaire en les espaçant bien. Réservez 30 min au frais.

3. Faites cuire les cookies : sélectionnez le **Programme P6-Manuel** pour 15 min de cuisson à 180 °C.

INGRÉDIENTS

200 g de chocolat noir

1 courgette de 200 g

3 œufs

80 g de cassonade

70 g de farine

2 c. à café de levure chimique

100 g de pépites de chocolat blanc

50 g de pépites de chocolat noir

Huile pour le moule

MUFFINS MOELLEUX AU CHOCOLAT SANS BEURRE

10 MUFFINS

20 min · 25 min par fournée

MATÉRIEL : moules à muffins CreaBake

1. Faites fondre le chocolat au bain-marie ou au micro-ondes à faible puissance. Épluchez et râpez la courgette.

2. Dans un saladier, fouettez les œufs avec la cassonade, puis incorporez la farine, la levure et la courgette râpée. Ajoutez le chocolat fondu.

3. Versez la pâte aux trois quarts dans les moules à muffins huilés et farinés. Ajoutez les pépites de chocolat et sélectionnez le **Programme P2-Gâteaux individuels** pour 25 min de cuisson.

ASTUCE : *si vous utilisez des moules à petits cakes en silicone, vous n'avez pas besoin de les beurrer ni de les fariner.*

MUFFINS AUX MYRTILLES ET AU SUCRE COMPLET

6 MUFFINS

20 min **40 min**

MATÉRIEL : moules à muffins CreaBake

INGRÉDIENTS

125 g de myrtilles

70 g de beurre

130 g de sucre muscovado

40 g de flocons d'avoine

185 g de farine
½ c. à café de bicarbonate

1 œuf
10 cl de lait
4 cl d'huile de tournesol

1. Réalisez la pâte à crumble. Dans un récipient, mélangez le beurre en dés, 70 g de sucre muscovado, les flocons d'avoine et 80 g de farine. Travaillez à la main pour obtenir une texture sableuse, puis réservez au frais.

2. Dans un grand bol, mélangez le reste de farine et de sucre avec le bicarbonate. Dans un autre bol, mélangez l'œuf, le lait et l'huile. Incorporez le premier mélange dans le second et fouettez pour obtenir une pâte homogène.

3. Déposez des caissettes en papier dans les moules à muffins, puis versez-y un peu de pâte (environ 2 c. à soupe). Répartissez 4 ou 5 myrtilles par moule, puis complétez avec le reste de pâte en remplissant les moules aux trois quarts.

4. Parsemez de la pâte à crumble et de quelques myrtilles supplémentaires. Sélectionnez le **Programme P2-Gâteaux individuels** pour 40 min de cuisson.

ASTUCE : *si vous utilisez des moules à petits cakes en silicone, vous n'avez pas besoin d'utiliser des caissettes en papier.*

INGRÉDIENTS

150 g de fruits rouges

100 g de flocons d'avoine

30 g de farine de coco

40 g de miel d'acacia

30 g d'huile de coco fondue

300 g de yaourt à la grecque
1 noix de beurre

TARTELETTES AUX FRUITS ROUGES

6 TARTELETTES

15 min 20 min

MATÉRIEL : moules à muffins CreaBake

1. Mixez les flocons d'avoine grossièrement au robot. Ajoutez la farine de coco, le miel, l'huile de coco, puis mixez de nouveau pour obtenir une pâte.

2. Foncez les moules à muffins beurrés avec la pâte et tassez avec le dos d'une cuillère pour former des petites tartelettes.

3. Sélectionnez le **Programme P6-Manuel** pour 20 min de cuisson à 180 °C. Laissez refroidir quelques minutes avant de démouler délicatement.

4. Garnissez les fonds de tartelettes avec du yaourt à la grecque et déposez quelques fruits rouges par-dessus.

express

INGRÉDIENTS

40 g de semoule fine

1 orange
25 cl de lait

3 c. à soupe de sirop d'agave

2 œufs

2 c. à soupe d'eau de fleur d'oranger

100 g de marmelade d'oranges amères

SEMOULE AU LAIT ET À L'ORANGE

6 PERSONNES

15 min **30 min**

MATÉRIEL : moules à muffins CreaBake

1. Râpez le zeste de l'orange, placez-le avec le lait et le sirop d'agave dans une casserole et portez à ébullition.

2. Séparez les blancs des jaunes d'œufs. Montez les blancs en neige.

3. Versez la semoule en pluie dans le lait bouillant en fouettant jusqu'à la reprise de l'ébullition. Hors du feu, incorporez l'eau de fleur d'oranger, les jaunes d'œufs, puis les blancs montés.

4. Beurrez les moules à muffins. Coupez l'orange en tranches fines et déposez-en une dans chaque moule.

5. Versez la semoule dans les moules en les remplissant aux trois quarts. Sélectionnez le **Programme P2-Gâteaux individuels** pour 30 min de cuisson. Servez chaud avec la marmelade à d'oranges amères.

express

INGRÉDIENTS

40 cl de crème de coco

80 g de noix de coco râpée

½ mangue

25 cl de lait

60 g de sirop d'agave

4 œufs

FLAN COCO ET MANGUE

4 PERSONNES

15 min 2 h 2 h 10

MATÉRIEL : grand moule rectangulaire + ramequins

1. Dans une casserole, faites chauffer la crème de coco avec le lait et le sirop d'agave.

2. Dans un récipient, fouettez les œufs avec 50 g de noix de coco râpée, puis versez la préparation précédente. Fouettez, puis laissez reposer 10 min pour que l'air s'évacue du mélange.

3. Répartissez la préparation dans des ramequins, placez-les dans le moule rectangulaire et sélectionnez le **Programme P5-Crèmes desserts** pour 2 h. Laissez refroidir 2 h au frais.

4. Mixez la mangue pour réaliser un coulis. Servez les flans avec le coulis de mangue et la noix de coco restante.

STAUB
STAUB
STAUB
STAUB

TARTES, CAKES ET PLATS SALÉS

INGRÉDIENTS

100 g de lardons fumés

125 g de farine

2 c. à café
d'huile de tournesol

100 g de crème fraîche

50 g de fromage blanc
à 40 % MG

1 pincée de noix
de muscade râpée

1 oignon

FLAMMEKUECHE

4 PERSONNES

15 min **30 min**

MATÉRIEL : grand moule rectangulaire

1. À l'aide d'un batteur, mélangez la farine, l'huile, 8 cl d'eau et 1 pincée de sel. Travaillez pour obtenir une pâte homogène.

2. Étalez la pâte sur un plan de travail fariné, puis foncez-en le moule rectangulaire.

3. Dans un récipient, mélangez la crème, le fromage blanc, la muscade, du sel et du poivre. Répartissez la préparation sur la pâte. Ajoutez l'oignon finement émincé et les lardons. Sélectionnez le **Programme P6-Manuel** pour 30 min de cuisson à 240 °C.

ASTUCE : *vous pouvez ajouter quelques feuilles de roquette fraîche à la sortie du four.*

grand classique

Automatic
Manual
OK
start

INGRÉDIENTS

150 g de lardons fumés

1 oignon
1 c. à soupe d'huile de tournesol

3 œufs

25 cl de crème liquide entière

1 pâte brisée

QUICHE LORRAINE

4 PERSONNES

15 min **50 min**

MATÉRIEL : grand moule rectangulaire

1. Dans une poêle, faites revenir l'oignon émincé 3 min dans l'huile, puis ajoutez les lardons et prolongez la cuisson de 3 min.

2. Dans un récipient, fouettez les œufs avec la crème, salez et poivrez.

3. Foncez le moule rectangulaire avec la pâte feuilletée. Répartissez les oignons et les lardons, puis versez l'appareil à quiche. Sélectionnez le **Programme P1-Gâteaux à partager** pour 50 min de cuisson.

grand classique

INGRÉDIENTS

½ courge butternut

4 tranches de bacon

3 oignons

120 g de beurre
+ 1 noix pour le moule

1 œuf

250 g de farine

1 c. à soupe de graines
de pavot

20 g de sucre en poudre

200 g de fromage frais
de chèvre

4 c. à soupe d'huile d'olive

TARTE RUSTIQUE À LA COURGE, BACON ET OIGNONS

4 PERSONNES

20 min **1 h 25** **20 min**

MATÉRIEL : grand moule rectangulaire

1. Préchauffez le four à 200 °C. Retirez les pépins de la courge et coupez-la en tranches. Étalez-les sur une plaque de cuisson, arrosez de 2 c. à soupe d'huile, salez et poivrez. Enfournez pour 15 min.

2. Faites ramollir le beurre en morceaux quelques secondes au micro-ondes à faible puissance. Dans un bol, travaillez-le à l'aide d'un batteur avec l'œuf, la farine, les graines de pavot, 2 c. à soupe d'eau froide et 1 pincée de sel pour obtenir une pâte homogène.

3. Étalez la pâte sur un plan de travail fariné, puis laissez-la reposer 20 min au frais.

4. Pendant ce temps, émincez les oignons. Faites-les revenir 10 min à feu vif dans l'huile d'olive restante, en mélangeant souvent. Saupoudrez de sucre et prolongez la cuisson de 10 min à feu doux pour les faire caraméliser.

5. Foncez le moule rectangulaire légèrement graissé avec la pâte. Tartinez de fromage frais, puis répartissez la compotée d'oignons, le bacon en morceaux et les tranches de courge grillées. Sélectionnez le **Programme P1-Gâteaux à partager** pour 50 min de cuisson.

ASTUCE : *vous pouvez ajouter une poignée de graines de courge sur la tarte à la sortie du four.*

INGRÉDIENTS

1 paquet de pain de mie sans croûte

6 tranches de jambon blanc

3 œufs

25 cl de crème liquide

20 cl de lait

80 g de gruyère râpé

CROQUE-CAKE

6 PERSONNES

30 min 40 min

MATÉRIEL : grand moule rectangulaire

1. Dans un saladier, battez les œufs avec la crème et le lait. Salez et poivrez. Coupez les tranches de pain de mie pour les adapter à la taille du moule rectangulaire et recouvrez-en le fond.

2. Versez une petite quantité de la préparation aux œufs sur le pain et imbibez-le bien. Ajoutez par-dessus 2 tranches de jambon blanc et du gruyère râpé, puis couvrez avec une nouvelle couche de pain imbibé. Ajoutez 2 nouvelles tranches de jambon blanc et du gruyère. Répétez l'opération une nouvelle fois, en terminant par une couche de pain imbibé.

3. Parsemez de gruyère râpé et poivrez. Sélectionnez le **Programme P1-Gâteaux à partager** pour 30 min de cuisson.

4. Sélectionnez le **Programme P6-Manuel** à 240 °C et prolongez la cuisson de 10 min.

spécial kids

ENDIVES AU JAMBON, SAUCE BÉCHAMEL

INGRÉDIENTS

4 endives

4 tranches de jambon blanc

40 g de beurre
50 g de farine

1 pincée de noix de muscade râpée

30 cl de lait

60 g de gruyère râpé

4 PERSONNES

30 min **40 min**

MATÉRIEL : grand moule rectangulaire

1. Lavez les endives et faites-les cuire à la vapeur pendant 10 min. Égouttez-les, puis enroulez-les de 1 tranche de jambon. Déposez-les dans le moule rectangulaire.

2. Préparez la béchamel. Dans une casserole, faites fondre le beurre, puis ajoutez la farine et la noix de muscade. Faites cuire 5 min en mélangeant bien au fouet. Incorporez le lait progressivement, en continuant de fouetter énergiquement. Salez et poivrez. Prolongez la cuisson de 5 min, à ébullition. Hors du feu, ajoutez la moitié du gruyère râpé et mélangez jusqu'à ce qu'il soit fondu.

3. Versez la béchamel sur les endives, puis parsemez du reste de gruyère râpé. Sélectionnez le **Programme P6-Manuel** pour 20 min de cuisson à 240 °C.

grand classique

INGRÉDIENTS

10 feuilles de lasagnes
sans précuisson

400 g de bœuf haché
1 oignon
2 c. à soupe d'huile d'olive
1 c. à café de thym

800 g de coulis de tomates
60 g de beurre
60 g de farine

70 cl de lait

1 mozzarella

LASAGNES AU BŒUF

4 PERSONNES

25 min **1 h 40**

MATÉRIEL : grand moule rectangulaire

1. Dans une sauteuse, faites revenir l'oignon haché 3 min dans l'huile. Ajoutez la viande, augmentez le feu et faites-la colorer 5 min. Saupoudrez de thym, assaisonnez et versez le coulis de tomates. Baissez le feu et laissez mijoter 30 min, en mélangeant de temps en temps.

2. Pendant ce temps, préparez la béchamel. Dans une casserole, faites fondre le beurre, puis ajoutez la farine et mélangez. Incorporez le lait progressivement en fouettant pour éviter les grumeaux. Versez du lait dès que la béchamel épaissit. Assaisonnez et réservez.

3. Déposez un fond de sauce bolognaise dans le moule rectangulaire, puis ajoutez une couche de lasagnes (brisez-les si elles sont trop grandes). Couvrez d'une couche de béchamel, puis poursuivez avec les lasagnes, de la bolognaise et de la béchamel. Terminez par la mozzarella en tranches, puis sélectionnez le **Programme P6-Manuel** pour 1 h de cuisson à 190 °C.

ASTUCE : *pour plus de gourmandise, saupoudrez un peu de parmesan râpé sur chaque couche de béchamel.*

grand classique
spécial kids

INGRÉDIENTS

800 g de pommes de terre (type charlottes)

1 reblochon

200 g de lardons fumés

2 oignons

1 verre de vin blanc

TARTIFLETTE TRADITIONNELLE

4 PERSONNES

30 min **1 h 10**

MATÉRIEL : grand moule rectangulaire

1. Épluchez les oignons et les pommes de terre. Émincez les oignons. Coupez les pommes de terre en dés et le reblochon en tranches.

2. Faites revenir les oignons et les lardons 5 min dans une sauteuse, puis ajoutez les pommes de terre. Salez et poivrez. Mélangez bien et faites cuire 30 min. Arrosez de vin blanc et laissez l'alcool s'évaporer pendant 5 min.

3. Déposez le tout dans le moule rectangulaire, puis déposez les tranches de reblochon par-dessus. Sélectionnez le **Programme P6-Manuel** pour 20 min de cuisson à 240 °C.

grand classique

PETITS LÉGUMES FARCIS

INGRÉDIENTS

3 courgettes rondes

3 grosses tomates

200 g de chair à saucisse

250 g de veau haché

1 c. à soupe d'herbes de Provence

1 c. à café de piment d'Espelette

5 brins de persil

1 œuf

3 c. à soupe de chapelure

6 PERSONNES

10 min **1 h 10**

MATÉRIEL : grand moule rectangulaire

1. Dans un récipient, mélangez les viandes avec les herbes de Provence, le piment, le persil haché, l'œuf et la chapelure. Assaisonnez généreusement.

2. Coupez les légumes en deux pour prélever un chapeau, puis évidez-les. Salez l'intérieur, puis garnissez de farce. Refermez avec les chapeaux.

3. Placez les légumes farcis dans le moule rectangulaire, versez 10 cl d'eau dans le fond et sélectionnez le **Programme P6-Manuel** pour 1 h 10 de cuisson à 200 °C. À mi-cuisson, arrosez les légumes avec le jus de cuisson.

ASTUCE : *servez avec du riz de Camargue.*

grand classique

INGRÉDIENTS

1 pâte feuilletée rectangulaire

2 pavés de saumon sans arêtes

200 g de pousses d'épinards

150 g de chèvre frais (type Chavroux®)

½ bûche de chèvre

1 gousse d'ail
80 g de beurre demi-sel
1 jaune d'œuf

TARTE TRESSÉE AU SAUMON, ÉPINARDS ET CHÈVRE

4 PERSONNES

20 min **45 min**

MATÉRIEL : grand moule rectangulaire

1. Hachez l'ail. Dans une grande poêle, faites fondre le beurre avec l'ail, puis ajoutez les épinards progressivement pour les faire tomber. Réservez au frais.

2. Déroulez la pâte feuilletée. Placez les pavés de saumon assaisonnés au centre de la pâte, l'un à côté de l'autre.

3. Égouttez les épinards au maximum, puis mélangez-les avec le chèvre frais et recouvrez-en les pavés de saumon. Ajoutez la demi-bûche de chèvre en tranches.

4. En partant de la garniture au centre de la pâte, faites 7 incisions de chaque côté vers l'extérieur pour obtenir 12 bandelettes. Rabattez la pâte située aux extrémités sur la garniture, puis alternez les bandelettes pour recouvrir entièrement la farce. Placez dans le moule rectangulaire.

5. Diluez le jaune d'œuf avec 1 c. à soupe d'eau et badigeonnez la tarte. Sélectionnez le **Programme P6-Manuel** pour 45 min de cuisson à 200 °C.

INGRÉDIENTS

4 tranches de truite fumée

1 grosse courgette (250 g)

4 brins d'aneth

4 c. à soupe d'huile d'olive

17 cl de lait

1 œuf

220 g de farine

2 c. à café de levure chimique

1 noix de beurre

MUFFINS À LA TRUITE ET À LA COURGETTE

4 PERSONNES

20 min **40 min**

MATÉRIEL : moules à muffins CreaBake

1. Râpez la courgette, hachez l'aneth et coupez la truite en lamelles.

2. Dans un récipient, mélangez tous les ingrédients et assaisonnez.

3. Versez la pâte aux trois quarts dans les moules à muffins beurrés et farinés. Sélectionnez le **Programme P2-Gâteaux individuels** pour 40 min de cuisson.

ASTUCE : *si vous utilisez des moules à petits cakes en silicone, vous n'avez pas besoin de les beurrer ni de les fariner.*

INGRÉDIENTS

1,5 kg de pommes de terre à chair ferme

3 gousses d'ail

150 g de beurre demi-sel

1 bouquet de thym

GÂTEAU DE POMMES DE TERRE

6 PERSONNES

25 min **1 h 15** **10 min**

MATÉRIEL : grand moule rectangulaire

1. Épluchez les pommes de terre et coupez-les en fines tranches. Ne les rincez surtout pas pour conserver l'amidon. Pelez et hachez l'ail.

2. Dans un récipient, mélangez l'ail avec le beurre fondu et le thym.

3. Déposez un rectangle de papier sulfurisé dans le fond du moule rectangulaire. Badigeonnez de beurre fondu, puis mettez une première couche de pommes de terre en les faisant se chevaucher. Badigeonnez de beurre et continuez à réaliser des couches de pommes de terre. Répétez l'opération jusqu'à épuisement des ingrédients.

4. Sélectionnez le **Programme P6-Manuel** pour 1 h 15 de cuisson. Vérifiez la cuisson avec une pique en bois, puis sortez le moule de l'appareil. Laissez reposer 10 min avant de démouler.

ASTUCE : *pour un gâteau plus complet, vous pouvez ajouter 200 g de poitrine fumée tranchée finement toutes les trois couches de pommes de terre.*

INGRÉDIENTS

Une dizaine
de tomates cerises

5 g de levure
de boulanger sèche

400 g de farine
½ c. à café de sel fin

12 cl d'huile d'olive
Fleur de sel

1 c. à café d'origan séché

FOCACCIA AUX TOMATES CERISES

4 PERSONNES

20 min 35 min 2 h 25

MATÉRIEL : grand moule rectangulaire

1. Délayez la levure dans 12 cl d'eau tiède et laissez reposer 10 min.

2. Dans un récipient, placez la levure délayée avec la farine, le sel fin et 40 cl d'eau tiède. À l'aide d'un batteur, pétrissez pour obtenir une pâte homogène et lisse.

3. Versez 5 cl d'huile d'olive dans un grand bol et placez-y la pâte. Badigeonnez également le haut de la pâte d'huile. Couvrez et laissez pousser 1 h 30.

4. Étirez la pâte 3 ou 4 fois en la soulevant du bol, puis étalez-la dans le moule rectangulaire huilé. Couvrez de film alimentaire et laissez reposer 45 min à température ambiante ou, si vous avez le temps, une nuit au frais.

5. Huilez légèrement vos mains et enfoncez plusieurs fois vos doigts dans la pâte pour y faire des petits creux. Répartissez les tomates cerises coupées en deux, arrosez d'huile et saupoudrez d'origan, puis sélectionnez le **Programme P6-Manuel** pour 35 min de cuisson à 240 °C.

ASTUCE : *pour manipuler cette pâte collante et élastique, huilez légèrement vos mains.*

FLANS À LA COURGETTE, FETA ET MENTHE

6 PERSONNES

15 min – 45 min

MATÉRIEL : moules à muffins CreaBake

INGRÉDIENTS

1 courgette de 200 g

150 g de feta

10 brins de menthe

2 œufs

12 cl de crème liquide

1 pincée de garam masala ou de curry

2 c. à soupe de fécule de maïs

4 c. à soupe d'huile d'olive

1 noix de beurre

1. Coupez la courgette en tranches bien fines.

2. Dans un récipient, mélangez tous les ingrédients et assaisonnez. Versez la pâte aux trois quarts dans les moules à muffins beurrés et farinés. Sélectionnez le **Programme P2-Gâteaux individuels** pour 45 min de cuisson.

ASTUCE : *si vous utilisez des moules à petits cakes en silicone, vous n'avez pas besoin de les beurrer ni de les fariner.*

PETITS CAKES AUX TOMATES SÉCHÉES ET OLIVES

4 PERSONNES

20 min **45 min**

MATÉRIEL : moules à petits cakes CreaBake

INGRÉDIENTS

80 g de tomates séchées confites à l'huile (environ 10)

80 g d'olives noires dénoyautées

1 mozzarella

3 œufs

180 g de farine

12 cl de lait

8 cl d'huile d'olive

2 c. à café de levure chimique

1 c. à café d'origan séché

1 noix de beurre

1. Coupez les olives en rondelles, les tomates séchées en petits morceaux et la mozzarella en dés. Réservez une poignée de chaque ingrédient.

2. Dans un récipient, mélangez tous les ingrédients et assaisonnez.

3. Versez la pâte aux trois quarts dans les moules à petits cakes beurrés et farinés. Parsemez des ingrédients réservés. Sélectionnez le **Programme P2-Gâteaux individuels** pour 45 min de cuisson.

ASTUCE : *si vous utilisez des moules à petits cakes en silicone, vous n'avez pas besoin de les beurrer ni de les fariner.*

INGRÉDIENTS

130 g de pesto

150 g de pousses d'épinards

50 g de pignons de pin

125 g de ricotta

4 œufs
15 cl de lait

300 g de farine
½ sachet de levure chimique
1 noix de beurre pour le moule

CAKE AU PESTO D'ÉPINARDS, PIGNONS ET RICOTTA

4 PERSONNES

15 min 1 h

MATÉRIEL : grand moule rectangulaire

1. Lavez et rincez les épinards.

2. Dans un grand bol, mélangez tous les ingrédients, en ajoutant les épinards en dernier et en réservant quelques pignons. Assaisonnez.

3. Versez la pâte dans le moule rectangulaire beurré et fariné. Parsemez des pignons restants et sélectionnez le **Programme P1-Gâteaux à partager** pour 1 h de cuisson. Dégustez tiède ou froid.

PALLARES
SOLSONA.

CLAFOUTIS À LA PROVENÇALE

4 PERSONNES

15 min | 50 min

MATÉRIEL : moule maxi-cookies + grille de support

INGRÉDIENTS

120 g de poivrons grillés en conserve

3 œufs

10 cl de lait écrémé

20 g de fécule de maïs

40 g de parmesan râpé

1 c. à café de thym

1 courgette

1. Mixez les poivrons avec les œufs et le lait. Ajoutez la fécule de maïs, le parmesan râpé, le thym, du sel et du poivre, puis mixez de nouveau.

2. Râpez la courgette, puis ajoutez-la à la préparation.

3. Versez la pâte dans le moule maxi-cookies, placez la grille de support avec le moule et sélectionnez le **Programme P1-Gâteaux à partager** pour 50 min de cuisson.

ASTUCE : *vous pouvez réaliser ce plat dans le moule rectangulaire. Doublez alors les quantités et prolongez la cuisson de 30 min.*

INGRÉDIENTS

500 g de pommes de terre (type charlottes)

80 g de poivrons grillés en conserve

50 g de feta
2 c. à soupe d'huile d'olive

1 oignon
1 pincée de piment d'Espelette

3 brins de persil

5 œufs

TORTILLA DI PATATAS AUX POIVRONS ET À LA FETA

6 PERSONNES

20 min **55 min**

MATÉRIEL : grand moule rectangulaire

1. Coupez les pommes de terre en dés. Émincez l'oignon. Dans une grande poêle, faites revenir les pommes de terre 10 min dans l'huile à feu vif. Versez dans le moule rectangulaire.

2. Faites revenir de la même manière l'oignon émincé 5 min, puis ajoutez-le dans le moule. Sélectionnez le **Programme P6-Manuel** pour 25 min de cuisson à 200 °C.

3. Égouttez les poivrons et recoupez-les en morceaux si besoin.

4. Dans un grand bol, mélangez les poivrons, la feta, le persil et le piment d'Espelette. Salez, poivrez, puis versez dans le moule.

5. Dans un bol, fouettez les œufs et versez-les dans le moule. Sélectionnez le **Programme P6-Manuel** pour 20 min de cuisson à 200 °C.

INGRÉDIENTS

3 courgettes

5 tomates séchées

70 g de parmesan râpé
1 noix de beurre

3 œufs

25 cl de crème liquide

1 c. à café de thym

GRATIN DE COURGETTES AUX TOMATES SÉCHÉES ET PARMESAN

4 PERSONNES

15 min **40 min**

MATÉRIEL : grand moule rectangulaire

1. Coupez les courgettes en fines rondelles et répartissez-les dans le moule rectangulaire beurré.

2. Dans un récipient, mélangez les œufs, la crème, les tomates séchées en morceaux, le parmesan et le thym. Assaisonnez.

3. Versez la préparation sur les courgettes et sélectionnez le **Programme P1-Gâteaux à partager** pour 40 min de cuisson.

INGRÉDIENTS

300 g de riz arborio

250 g d'un mélange de champignons

2 échalotes

2 c. à soupe d'huile d'olive

10 cl de vin blanc

60 cl de bouillon de volaille

100 g de parmesan râpé

50 g de beurre

RISOTTO AUX CHAMPIGNONS

4 PERSONNES

10 min **40 min**

MATÉRIEL : grand moule rectangulaire

1. Dans une casserole, faites revenir les échalotes ciselées dans l'huile chaude pendant 2 min à feu vif. Ajoutez les champignons émincés et faites-les revenir 5 min.

2. Ajoutez le riz et prolongez la cuisson de 2 min.

3. Versez le vin blanc, mélangez, puis répartissez la préparation dans le moule rectangulaire. Complétez avec le bouillon. Sélectionnez le **Programme P6-Manuel** pour 30 min de cuisson à 200 °C. Incorporez le parmesan et le beurre avant de déguster.

grand classique

express

INGRÉDIENTS

1 kg de pommes de terre (type charlottes)

2 gousses d'ail

50 cl de lait

2 pincées de noix de muscade râpée

200 g de crème fraîche épaisse

20 g de beurre

GRATIN DAUPHINOIS

4 PERSONNES

30 min **1 h 30**

MATÉRIEL : grand moule rectangulaire

1. Épluchez les pommes de terre et coupez-les en tranches fines. Réservez-les sans les rincer.

2. Épluchez l'ail, hachez-le et placez-le dans une grande casserole. Ajoutez le lait et la noix de muscade. Salez et poivrez. Portez à ébullition et ajoutez les pommes de terre. Faites cuire 10 min.

3. Déposez le tout dans le moule rectangulaire, puis couvrez de crème et de beurre coupé en dés. Poivrez. Sélectionnez le **Programme P6-Manuel** pour 1 h 15 de cuisson à 220 °C.

grand classique

Tefal

Index par ingrédient

Q - R

S - T

V

Y

TABLE DES ÉQUIVALENCES FRANCE-CANADA

Poids

55 g	2 onces	200 g	7 onces	500 g	17 onces
100 g	3 onces	250 g	9 onces	750 g	26 onces
150 g	5 onces	300 g	10 onces	1 kg	35 onces

Ces équivalences permettent de calculer le poids à quelques grammes près (en réalité, 1 once = 28 g).

Capacités

25 cl	1 tasse	75 cl	3 tasses
50 cl	2 tasses	1 l	4 tasses

Pour faciliter la mesure des capacités, une tasse équivaut ici à 25 cl (en réalité, 1 tasse = 8 onces = 23 cl).

Photographies des recettes

Delphine Amar-Constantini : pages 13, 17, 23, 27, 29, 35, 45, 67, 79, 81, 89, 107, 115, 119, 155, 173, 187, 189, 193, 219.

Les autres photographies sont d'Aimery Chemin.

Photographies des ingrédients

© Shutterstock, © Larousse

Recettes

Juliette Lalbaltry : pages 12, 16, 22, 26, 28, 34, 44, 66, 78, 80, 88, 106, 114, 118, 154, 172, 186, 188, 192, 218.

Les autres recettes sont de Séverine Augé.

Les Éditions Dessain et Tolra utilisent des papiers composés de fibres naturelles, renouvelables, recyclables et fabriquées à partir de bois issus de forêts qui adoptent un système d'aménagement durable. En outre, les Éditions Dessain et Tolra attendent de leurs fournisseurs de papier qu'ils s'inscrivent dans une démarche de certification environnementale reconnue.

ISBN : 978-2-03-601004-8

Photogravure : Chromostyle
Imprimé en Espagne par Graficas Estella
Dépôt légal : octobre 2021
328825/06 – 11055530 – février 2024

PAPIER À BASE DE FIBRES CERTIFIÉES

Dessain et Tolra s'engage pour l'environnement en réduisant l'empreinte carbone de ses livres. Celle de cet exemplaire est de : 2 900 g éq. CO_2
Rendez-vous sur www.dessain-tolra-durable.fr